国家出版基金项目
NATIONAL PUBLICATION FOUNDATION

东北流亡文学史料与研究丛书·研究卷

州军萧红交游考释

秋　石
著

北方联合出版传媒(集团)股份有限公司
春风文艺出版社
·沈　阳·

主　　编　张福贵
研究卷主编　韩春燕

图书在版编目（CIP）数据

萧军萧红交游考释 / 秋石著. —沈阳：春风文艺
出版社，2020.6（2022.2重印）
（东北流亡文学史料与研究丛书）
ISBN 978 - 7 - 5313 - 5830 - 5

Ⅰ．①萧… Ⅱ．①秋… Ⅲ．①萧军（1907-1988）—
生平事迹 ②萧红（1911-1942）—生平事迹 Ⅳ.
①K825.6

中国版本图书馆CIP数据核字（2020）第149896号

北方联合出版传媒（集团）股份有限公司
春风文艺出版社出版发行
http://www.chunfengwenyi.com
沈阳市和平区十一纬路25号　邮编：110003
永清县晔盛亚胶印有限公司印刷

责任编辑：姚宏越　刘　维　　　责任校对：曾　璐
封面设计：马寄萍　　　　　　　幅面尺寸：155mm × 230mm
字　　数：153千字　　　　　　印　　张：10.5
版　　次：2020年6月第1版　　印　　次：2022年2月第2次
书　　号：ISBN 978-7-5313-5830-5
定　　价：48.00元

目　录

萧军与鲁迅

> 不必问现在要什么，只要问自己能做什么。现在需要的是斗争的文学，如果作者是一个斗争者，那么，无论他写什么，写出来的东西一定是斗争的。就是写咖啡馆跳舞场罢，少爷们和革命者的作品，也决不会一个样。

上述文字，是鲁迅先生于1934年10月9日夜回复正在青岛的东北抗日流亡作家萧军、萧红的，而在这之后的半个多世纪中，萧军先生一直以此为座右铭，并不断地以此勉励包括笔者在内的后来人。

在所有与鲁迅先生接触过的人中，萧军、萧红受鲁迅先生关怀、支持最多，他不但教他们习文，也教他们如何做人，这可以从鲁迅先生先后寄给萧军、萧红的五十三封信中看出来，他对这两位东北抗日流亡青年作家的"慈父之心"有目共睹。

萧军对鲁迅先生的感情，直到1988年他与世长辞，可谓忠贞不贰。有关这一点，有很多事例可以证明。

大约在1936年11月，鲁迅先生逝世一个月后，鲁迅生前倾注大量心血的《中流》半月刊、《作家》月刊、《译文》月刊全部出版了。在这三份刊物创刊号上都刊有鲁迅逝世时的各种照片和纪念文章。为悼念恩师鲁迅，萧军把上述三种刊物带到万国公墓鲁迅先生坟前焚化了。这个举动，正如萧军先生在四十三年后即将复出时说的那样："尽管我这种感情是浅薄的、幼稚的，甚而至于'迷信'的……但由于自已被当时悲痛的心情所激荡，竟是'明知故犯'地这样做了。在今天看起来，我认为也并没有什么'原则'性的'错误'，是可以理解的！"

谁知，这一烧烧出了一段为后人津津乐道的故事。

烧刊物后不几天，有一个名叫马吉蜂的人（当时他正与三十年后成为窃国大盗的张春桥一起编一张叫《文化新闻》的小报）跳了出来，写文章讥讽萧军是"鲁门家将"、鲁迅的"孝子贤孙"等等。萧军读后顿时怒不可遏，认为这是侮辱他，亵渎他对恩师鲁迅的神圣感情。于是，他当即找到《文化新闻》编辑部，其时，化名狄克攻击过《八月的乡村》的张春桥也在场。萧军向马吉蜂责问："那篇侮辱鲁迅先生和我的文章是谁写的?"

"是我写的。"马吉蜂承认。

"好，我也没工夫写文章来回答你们——我们打架去吧。如果我打败了，你们此后可以随便侮辱我，我不再找你们；如果你们败了，如果你们再写此类文章，我就来揍你们……"

马、张二人接受了萧军的建议，接下来约定了地点和时间。

地点：选定在当时法租界的拉都路南端，河的南面一片已经收割了的菜地上。

时间：1936年冬的一天夜晚8点钟。

届时，双方都按时来到约定的地点。

马吉蜂的见证人是张春桥。

萧军的见证人是聂绀弩和萧红。

交手之后，东北陆军讲武堂出身的萧军两次把马吉蜂摁倒在地上，并在他头上敲打了几拳，直到他失去了"战斗力"。本来，还要摔第三跤的，给闻声赶来的法国巡捕冲散了。

分手时，萧军气昂昂地对他们说："你们有小报可以天天写文章骂我，我就来揍你们！……"

从此以后，他们再也不敢刊登谩骂萧军的文章了。

三十年后，张春桥踌躇满志地以中央文革小组副组长的身份挤入中国的最高领导层，而萧军则被囚押于北京市文化局的后院中，失去人身自由，还受尽不明真相的红卫兵的毒打。然而，他并没有忘记恩师的忌日。他"口成二律"代祭并叙鲁迅先师逝世三十周年。作于1966年10月25日的诗云：

> 有涯岁月水流年，半付行云半作烟！
> 寒暖无端时易序，阴阳舛错卜来难。
> 春花开罢秋花谢，前浪才消后浪掀。
> 历尽风波五十载，等闲蜀道亦何干？

作于三天后的诗写道：

> 三十年前拜座前，斑斑往事忆如烟。
> 门墙桃李飘零尽，犴狴余生几幸全？
> 大道传薪知匪易，高山仰止亦何艰！
> 囚窗落日鲜于血，遥瞩南天一惘然！

1976年的鲁迅先生逝日，《人民日报》头版重新发表鲁迅先生当年为保护东北抗日流亡作家萧军、萧红，于逝世前夕愤怒地写下的檄文《三月的租界》，此文为反击已成阶下囚的当年那个名叫狄克的张春桥旨在缴革命文艺战士械的《我们要执行自我批判》一文。就在这一天，尚未获平反的萧军以古稀之年的手写下了《鲁迅先师逝世四十周年有感》诗二首：

一

> 四十年前此日情，床头哭拜忆形容。
> 嶙嶙瘦骨余一束，凛凛须眉死若生。

百战文场悲荷戟，栖迟虎穴怒弯弓。

传薪卫道庸何易？喋血狼山步步踪。

二

无求无惧寸心丕，岁月迢遥四十年！

镂骨恩情一若昔，临渊思训体犹寒！

啮金有口随销铄，折戟沉沙战未阑。

待得黄泉拜见日，敢将赤胆奉尊前。

与鲁迅通信

1934年6月15日，因出版抗日的《跋涉》一书而遭日寇与伪满洲国通缉的萧军、萧红夫妇，取道大连，坐海船抵达青岛。

是年9月9日，萧军继续撰写自哈尔滨就开始创作的长篇小说《八月的乡村》，而萧红则完成了她的《生死场》，并且很快誊清。他们不知道这两部作品所选取的题材和表现的主题的积极性，与当前革命文学运动的主流是否合拍，很想写信问一问在上海领导革命文学运动的主帅鲁迅先生。

萧军的朋友孙乐文是《青岛晨报》和青岛荒岛书店的负责人之一，中共地下党员。他在上海内山书店见过鲁迅，他鼓励萧军给鲁迅写封信试试，不知鲁迅家的地址，可以写到内山书店转交，并建议可以用荒岛书店做通信处，即使发生什么问题，他可以推说不知道，是顾客没经过他同意随便写的，但千万不要用自己的真名实姓，可以另起个名字，以防万一。因此为了和鲁迅先生通信，他才特意起了一个新名字，就是现在用的"萧军"。"萧"是因为他非常喜爱京剧《打渔杀家》里的老英雄萧恩。另外，因为他是辽宁人，辽代很多人姓萧，所以他就姓萧了。"军"是因为他原来当过兵，是个军人。

10月初萧军给鲁迅写去第一封信请求指导，并问先生愿不愿意看一看悄吟（萧红笔名）写的小说。信发出去以后，究竟鲁迅能不能收到，或者收到了会不会回信，他们是没有把握的。然而，万万没有想到，鲁迅在接到萧军的信以后，当天晚上就写了回信。一如孙乐文初始提议的那样，鲁迅的回信是寄到荒岛书店由孙乐文转交的。当萧军这么快就收到复信时，他和悄吟、孙乐文三个人同享了难以克制的激动和快乐，他们读了一遍又一遍……

　　鲁迅在复信中回答了两个问题：

　　　　一、不必问现在要什么，只要问自己能做什么。现在需要的是斗争的文学，如果作者是一个斗争者，那么，无论他写什么，写出来的东西一定是斗争的。就是写咖啡馆跳舞场罢，少爷们和革命者的作品，也决不会一样。

　　　　二、我可以看一看的，但恐怕没工夫和本领来批评。稿可寄"上海，北四川路底，内山书店转，周豫才收"，最好是挂号，以免遗失。

　　对于萧军和悄吟，正如萧军所说："我们在那样的时代，那样的处境，那样的思想心情状况中，得到了先生的复信，就如久久生活在凄风苦雨、阴云漠漠的季节中，忽然从腾腾滚滚的阴云缝隙中间，闪射出一缕金色的阳光，这是希望，这是生命的源泉！又如航行在茫茫无际夜河上的一叶孤舟，既看不到正确的航向，也没有可以安全停泊的地方……鲁迅先生这封信犹如从什么远远的方向照射过来的一线灯塔上的灯光，它使我们辨清了应该前进的航向，也增添了我们继续奋勇向前划行的新的力量！"

　　鲁迅表示愿意看一看悄吟写的小说，这对她是多么大的鼓舞哇！她是多么高兴啊！为了让鲁迅更具体地认识他和悄吟的面貌，萧军将1934年春天离开哈尔滨之前照的一张合影（萧军穿着一件俄国高加索式米黄色亚麻布上衣，领口和袖口用深、浅咖啡色和绿色丝线绣着花边，腰间束了一条暗绿色带有穗头的丝带。悄吟穿了一件半截袖的蓝白相间的斜条绒布旗袍，两条短辫上扎着淡紫色绸蝴蝶结。这都是当时哈尔滨男女青年的流行装束)，连同悄吟的小说复写稿和一本《跋涉》，按照鲁迅先生的嘱咐，挂号寄出了。

稿子、书和照片刚刚寄出去不久，孙乐文就来通知：青岛、济南等地的中共地下组织，受到国民党反动派的严重破坏，很多同志被捕了，黑人（舒群）夫妇也未幸免。《青岛晨报》可能停刊，他叫萧军夫妇做好离开青岛的准备。

10月22日，萧军完成《八月的乡村》的写作，由于生活发生突变，也没有时间修改、校正、誊清了。他们整天忙于走前的事务。

10月下旬的一天晚上，孙乐文约萧军到海上"栈桥"亭子的一处阴影里，告诉他："我明天就要转移了，也许离开青岛，书店里、家里全不能住下去了。你们也赶快走吧——这是路费！"孙乐文交给萧军四十元钱，叫他立刻离开青岛。萧军回家以后马上给鲁迅写了封快信，告诉他千万不要再回信了，他就要离开青岛去上海。11月1日萧军夫妇（同行的还有到青岛后结识的地下党员张梅林）乘坐一艘日本轮船的四等货舱离开青岛。2日到了上海，在和舒群曾经住过的那个小公寓里住了一夜。第二天，在法租界拉都路北段元生泰杂货铺后面二楼上，租了一间亭子间。定居以后，第一件事就是写信告诉鲁迅先生：他们已经到了上海，不知道从青岛发出的悄吟的文稿、《跋涉》和照片收到没有，还提出急切想和先生见面的要求。

当时的上海，除了各国的租界地，就是国民党统治区，政治情况极为复杂，国民党反动政府对于革命的、进步的文化事业控制极严，早已颁布《危害民国紧急治罪法》。鲁迅处于被国民党反动派通缉的隐居环境中，所以对于尚未见过面、还不熟识的人，怎能轻易应允见面呢？因此鲁迅在11月3日的复信中说：

刘先生：

　　稿子，也都收到的，并无遗失，我看没有人截去。

　　见面的事，我以为可以从缓，因为布置约会的种种事，颇为麻烦，待到有必要时再说罢。

　　专此布复，即颂

时绥

迅上

令夫人均此致候。

十一月三日

　　萧军当时不知道鲁迅不能立刻和他们见面的原因，立即又去信表达渴望早日会见先生的迫切心情。因为四十元路费已所剩无几，在上海人地两生，举目无亲，究竟能不能在上海生活下去呢？一切是茫然的、无把握的，所以很希望能早一日见鲁迅一面，即使离开上海，也心满意足没有遗憾了。为此，鲁迅先生在11月5日又回信说：

　　你们如在上海日子多，我想我们是有看见的机会的。

　　鲁迅先生并没有坚决拒绝，而是要从侧面先了解一下萧军夫妇的来历。萧军他们只有耐心地等待着先生的约会。在这期间，萧军在悄吟的督促下，开始修改、校正《八月的乡村》，在修改过程中，他很不满意自己这部作品，觉得很不理想，恼恨自己的低能，有时烦得看不下去了，甚至想一把火烧了它，亏得悄吟的安慰和鼓励，他才继续修改完。当时他们已经没有钱了，复写文稿的纸也不够用了，怎么办呢？只好把悄吟的一件旧毛衣拿到当铺去押了七角钱。

　　买齐了纸，在严寒的冬天，在那没有阳光的阴冷的亭子间里，屋里虽生了火，悄吟脚踩冰凉的水泥地，披着大衣，流着清鼻涕，时时搓着冻僵的手指，愣是一笔一画地为萧军抄完了《八月的乡村》。

萧军从青岛带来的四十元钱，除了路费，到了上海，租房子、安家……就所剩不多了，写信给哈尔滨的朋友黄之明求援——却是远水解不了近渴。典当了悄吟的毛衣，抄完了《八月的乡村》，他们又一文不名了，生活上到了山穷水尽极度困难的地步。考虑再三，11月13日他们只好冒昧地写信向鲁迅先生告急，问先生能不能介绍一个工作，能不能借给二十元钱生活费，能不能给看看《八月的乡村》，还问了很多其他问题。鲁迅11月17日回信说：

工作难找，因为我没有和别人交际。

关于钱，鲁迅说：

我可以预备着的，不成问题。

关于其他问题，鲁迅先生也一一做了回答。

11月19日萧军写信给鲁迅又提出许多问题请他回答。同时附带告诉鲁迅，由于他在哈尔滨学过几天俄文，会讲几句俄国话，在霞飞路散步的时候，遇到一些俄国人，就忍不住跟人家说上几句。鲁迅收到此信后，于11月20日急急复信说：

十九日信收到。许多事情，一言难尽，我想我们还是在月底谈一谈好，那时我的病该可以好了，说话总能比写信讲得清楚些。但自然，这之间如有工夫，我还要用笔答复的。

现在我要赶紧通知你的是霞飞路那些俄国男女，几乎全是白俄，你万不可以跟他们说俄国话，否则怕他们会疑心你是留学生，招出麻烦来。他们之中，以告密为生的人们很不少。

鲁迅对萧军的关心和警告，提高了萧军的警惕性，让他想起来都有点后怕。令他高兴的是鲁迅终于答应月底和他们见面了，究竟在哪一天呢？那么，就耐心地等着吧！

11月27日鲁迅终于发出了约会信：

> 本月三十日（星期五）午后两点钟，你们两位可以到书店里来一趟吗？小说如已抄好，也就带来，我当在那里等候。

与鲁迅交往

从1925年萧军在吉林市认识了方靖远，在后来成为共产党员的好友方靖远的影响下读到了鲁迅许多作品，使他对鲁迅产生了强烈的崇敬热爱之情，到1934年，整整九年之后，即将亲眼见到自己朝思暮想的人了，他的激动、他的兴奋就可想而知了。好不容易熬到了11月30日，当他看到了鲁迅那瘦弱的形体、憔悴的容颜，又在一个小咖啡馆里，接受了鲁迅赠予的《两地书》和救急的二十元钱时，他的心隐隐作痛了。他情不自禁地想起了先生的自喻："我好像一只牛，吃的是草，挤出来的是奶和血！"而自己还没有为先生效一分劳、出一分力，却先吮吸着他的奶和血了！多么惭愧，多么内疚哇！

在咖啡馆里，他们也见到了许广平和小海婴，萧军把《八月的乡村》复写稿交给了许广平。

从咖啡馆出来临别的时候，许广平对悄吟说："见一次真是不容易呀！下一次不知什么时候再见啦？"

"他们已经通缉我四年了。"鲁迅补充说。

由于当时上海政治环境复杂、险恶，他们不能经常和鲁迅见面，只能通信向鲁迅请教各种问题，鲁迅总是不厌其烦地给予诚挚热情的回答和解释。

鲁迅担心萧军夫妇在上海会发生什么意外，也知道他们在上海无亲无友，想给他们介绍几个可靠的朋友，对他们会有些帮助。于是在12月17日写信给他们：

> 本月十九日（星期三）下午六时，我们请你们俩到梁园豫菜馆吃饭，另外还有几个朋友，都可以随便谈天的。

18日接到的信，为了第二天参加宴会，巧手的悄吟现到街上用七角五分钱买了一块黑白格的布料，连裁带缝费了两个半天的时间，为萧军赶制了一件俄国高加索式上衣当作"礼服"。19日下午萧军高高兴兴地穿着这件上衣与萧红一起赴鲁迅先生专为他们设的宴会去了。

那天会餐，除了鲁迅、许广平和海婴，还有茅盾、叶紫、聂绀弩和夫人周颖。本来是鲁迅为了庆祝胡风的儿子晓谷满月请的客，胡风夫妇因收到通知晚了，未到。（见《萧军近作》中《我们第一次应邀参加了鲁迅先生的宴会》一文）

鲁迅当时特意将叶紫介绍给萧军夫妇，做他俩的向导和监护人，叫他们有什么事向叶紫询问，和叶紫商量。从那以后他们和叶紫成了亲密的朋友。

在聂绀弩的鼓励下，为了在上海生活下去，萧军开始写些短篇小说和散文，并打算请鲁迅审阅、介绍。

年初，萧军搬了家，住到拉都路南段福显坊22号楼上去了。由于房内是红漆地板，不凉不潮，墙壁屋顶洁白干净，有四扇向阳的玻璃窗，光线充足，窗下有青青的草地，窗外是辽阔的绿色菜田，环境舒适，心情愉快。萧军的写作情绪十分高涨，在一个月的时间里，接连写完《职业》《货船》《樱花》三个短篇。这三篇小说都经鲁迅看过，受到了称赞，介绍到上海的刊物上发表了，被编入巴金主编的《文学丛刊》第一集第九册。接着在2月份又完成小说《初秋的风》、散文《一只小羊》等。

《职业》是萧军到上海以后刊出的第一篇小说，1935年3月1日载于《文学》第四卷第三号，得了稿费三十八元，这对于没有正式职业的萧军夫妇的生活不无小补。这也是萧军闯入上海文坛迈出的第一步。

萧军夫妇和叶紫的生活都很困苦，有一天叶紫倡议要鲁迅请一次客，大家吃一顿解解馋，商量的结果，由悄吟和萧军于2月3日给鲁迅写了信，表示大家都馋了，先生请吃一顿吧，不必上大馆子，上小馆子吃便宜点的就可以了。鲁迅先生于2月9日回信说：

> 请客大约尚无把握，因为要请，就要吃得好，否则，不如不请，这是我和悄吟太太主张不同的地方，但是，什么时候来请罢。

鲁迅先生并没有固定收入，仅靠稿费、版税生活，所以，既然请客就须吃得好一点，就须准备足够的钱，因此鲁迅才说"有了把握"之后才能请客。一直到3月5日，鲁迅终于请客了。鲁迅在3月5日的日记里写道：

> 晚约阿芷、萧军、悄吟往桥香夜饭，适河清来访，至内山书店又值聚仁来送《芒种》，遂皆同去，并广平携海婴。

阿芷即叶紫，那次会餐一共是八个人。那天萧军吃得特别香，比叶紫和悄吟两个人吃的总量还多。在这次宴会上，萧军认识了《文学》《译文》的编辑黄源（河清）和《芒种》的编辑曹聚仁。

在鲁迅的呵护下

出于爱护青年作家，鲁迅不顾劳累，不但为萧军看完了《八月的乡村》文稿，还热情地为它写了序言，给予了极大的鼓励和支持，鲁迅在序言里写道：

> 好书为什么倒会不容于中华民国呢？那当然，前面已经说过几回了——一方面是庄严的工作，另一方面却是荒淫和无耻！……

鲁迅这篇序言是在3月28日看完《八月的乡村》文稿之后，当天晚上写就的。因为萧军来信说又要搬家，鲁迅一直等他搬好了家，有了确切的新地址，于4月4日才将《八月的乡村》文稿、序言和一封信包成一个包，放在内山书店，通知萧军去取的。

当时国民党反动政府为了限制进步的文艺作品的出版、宣传，颁布了出版法、出版法施行细则、宣传品审查标准、图书杂志审查办法等等。每篇稿件都必须送到审查机关，常常被检查官老爷删改得面目全非，有的干脆没收不准刊用。尤其对于鲁迅的文章特别注意，故意刁难，因此鲁迅为了和敌人做斗争，时常变化笔名达一百多个。这种对付检查官的战术也告诉了萧军。在2月9日的信中写道：

> 那两篇小说的署名，要改一下，因为在俄国有一个萧三，在文学上很活跃，现在即使多一个"郎"字，狗们也即刻以为就是他的。

在3月31日的信里，鲁迅先生还告诫道：

> 此后的笔名，须用两个，一个用于《八月》之类的，一个用于卖稿换钱的，否则，《八月》印出后，倘为叭儿狗所知，则别的稿子即使并没有什么，也会被他们抽去，不能发表。
>
> 还有，现用的"三郎"的笔名，我以为也得换一个才

好，虽然您是那么的爱用它。因为上海原有一个李三郎，别人会以为是他作的，而且他也来打麻烦，要文学社登他的信，说明那一篇小说非他所作。声明不要紧，令人以为是他所作却不上算，所以必得将这姓李的撇清，要撇清，除了改一个笔名之外无好办法。

因此，"三郎"这个笔名再也不能用了，写文章就用"萧军"了。与此同时，还为《八月的乡村》的署名，起了个"田军"的笔名，取"农民的军队"之意。

搬家以后，只有一件值得高兴的事：5月2日上午，鲁迅和许广平带着海婴突然来访，由于事先并未通知，萧军夫妇感到极大的荣幸和欢欣！鲁迅还请他们去盛福西餐馆吃了午饭。由于没有给同住在一幢楼里的朋友们介绍与鲁迅相识，朋友们竟然挑了眼，受了埋怨，为此，萧军坚决地离开了他们，于5月6日搬到法租界萨坡赛路190号唐豪律师事务所二楼去了。

附带在这里说明一下，这些个挑刺的朋友，都是实实在在的朋友，而且是对萧军、萧红有多次救助之恩的朋友。他们是：为萧红与萧军逃离哈尔滨时送行的地下党员罗烽和他的夫人，两年前一同在哈尔滨牵牛坊从事过抗日宣传活动的女作家白朗；更有当初资助他们出版《跋涉》一书，以及在青岛为他们提供避难住处，刚刚自国民党监狱里逃亡到上海的共产党员舒群等人。

《八月的乡村》文稿取回来之后，交给了叶紫，叶紫看过之后激动得抱着萧军说："好哥哥！你写得真好！"由于对萧军的钦佩，叶紫热情地为萧军介绍到公共租界内一位王先生私人办的"民光印刷所"去出版，也就是印刷叶紫的小说集《丰收》的那个印刷所。叶紫的《丰收》因为得不到公开出版的机会，只好自费秘密出版。《八月的乡村》是抗日的小说，当然更不能公开出版了。悄吟的《生死场》（这是胡风给起的书名）经过鲁迅推荐，转来转去有半年之久，也未能得到公开出版的机会，同样只能另找出路。在萧军的建议下，征得鲁迅批准，他们三人组成了"奴隶社"，自费、秘密、"非法"出版了三本"奴隶丛书"：《丰收》《八月的乡村》和《生死场》。这三本书都由鲁迅写了序言。在《丰收》的附页上以及《八月的乡村》《生死场》初版时，都刊有萧军拟写的小启事：

> 我们陷在"奴隶"和"准奴隶"这样的地位，最低我们也应该作一点奴隶的呼喊，尽所有的力量、所有的忍耐——"奴隶丛书"的名称便是这样被我们想出的。

为了蒙蔽敌人，他们为"奴隶社"假设了一个发行所：上海四马路容光书局。并将《八月的乡村》出版日期印成"八月"，其实是5月份付排，7月初就出版了。先交了三十元印刷费，不足之数，出版之后卖了钱才补齐的。《八月的乡村》封面是经鲁迅介绍请木刻家黄新波刻的一幅木刻画。

《生死场》署名"萧红"，是12月出版的。因为当时国民党反动派正在江西一带围剿中国共产党领导的工农红军，萧军和悄吟为了表示拥护中国共产党、拥护红军，就特意用"红军"二字做了他们二人的笔名，以示对蒋介石扬言"言抗日者杀无赦"的强烈抗议。

《八月的乡村》出版以后，首先给鲁迅送去了一批，之后鲁迅又陆续要了几批分赠给朋友们，或者托胡风拿去代卖，也托别人带到苏联、日本、印度、美、英、德等国和中国共产党领导的苏区。同时，在上海各大学里秘密推销得也很快，受到广大进步群众的热烈欢迎，在社会上引起巨大的反响。

鲁迅经过长期和萧军、萧红通信，审阅和推荐他们的作品，以及几次的面谈，对二萧的为人、作风、思想意识、文学才能等等，有了比较深刻、透彻的理解和信任。在当时受到国民党通缉，不得不隐居，住址保密的情况下，却向二萧说出了自己的住址，于1935年11

月6日邀请二萧第一次到他的寓所（北四川路底施高塔路大陆新村9号）和他们全家晚宴欢聚，这给了二萧极大的安慰和鼓励。

无论萧军写的小说或散文，都受到了鲁迅的称赞，鲁迅热心而积极地介绍给各杂志发表，因而萧军除已认识黄源（《译文》《文学》）、曹聚仁（《芒种》）外，又认识了赵家璧（良友图书公司），傅东华、郑振铎（《文学》），陈望道（《太白》），郑伯奇（《新小说》）等几位编辑。鲁迅还介绍文学评论家胡风与萧军相识，又介绍文化生活出版社的主编巴金、周文、沈从文与萧军相识，出版了萧军的短篇小说集《羊》（《文学丛刊》第一集第九册）。

《八月的乡村》出版后，国民党反动政府非常惊慌，在他们办的各种小报上，对鲁迅和《八月的乡村》展开了攻击。华蒂社张春桥化名"狄克"，3月15日在崔万秋主编的《大晚报》副刊《火炬》的《星期文坛》上，写了一篇《我们要执行自我批判》杂文，说《八月的乡村》写得"有些还不真实""技巧上、内容上都有许多问题在，为什么没有人指出呢"，而且指责鲁迅支持、表扬这部"不够真实的书和作者田军"，说鲁迅"无异是把一个良好的作者送进坟墓里去"等等。

鲁迅一眼就看透了这个以"左"的面貌出现的反动分子的本质，4月16日写了一篇《三月的租界》杂文给予回击和揭露。鲁迅认为对敌作战"我们有投枪就用投枪，正不必等候刚在制造或将要制造的坦克车和烧夷弹"。狄克对《八月的乡村》的批判，无疑是想在"坦克车""烧夷弹"未制成之前，先折断仅有的"投枪"！鲁迅一针见血地指出："如果在还有'我们'和'他们'的文坛上，一味自责以显其'正确'或公平，那其实是在向'他们'献媚或替'他们'缴械。"给了狄克以沉重的回击。

萧军也写了一篇《有所感——关于一本"不够真实的书"》（载于7月2日《中流》半月刊，署名田军，因而认识了《中流》编辑黎烈文），回击狄克的挑衅和攻击。

1936年5月25日，萧军写了《萧军小传》，由鲁迅转给了即将密赴苏区的美国友人斯诺。

在5月早些时候的某一天，鲁迅亲切地接待了著名国际社会活动家、美国作家、记者埃德加·斯诺。就在这次谈话中，鲁迅将萧军纳入"自1917年的新文学运动以来中国涌现出来的最优秀的作家"和"左翼作家"的行列。

在鲁迅的关怀培育下，萧军的创作情绪又高涨起来，在永乐里居所写下大批新作：《江上》《同行者》《一只不祥的鸟——给海燕》《广田君》《初夜》《我研究着》《病中的礼物》等，并参加了《作家》和《海燕》两个文学月刊的编辑工作，成为上海左翼文学运动中的一名"闯将"。他和聂绀弩、胡风、黄源几个人（此时的二萧向导叶紫因病情加剧，回湖南乡下养病去了），紧密地团结在鲁迅周围，在粉碎国民党反动派的文化"围剿"中，显示了坚强有力的战斗才能，成为亲密无间的战友。

由于二萧体质和健康状况相差悬殊，萧红决定去日本疗养，因为萧红的弟弟张秀珂和黄源的妻子许粤华正在日本上学，有亲属和朋友可以照顾她。萧红去日本以后，萧军就在青岛度夏。

7月15日，鲁迅和许广平在寓所特为萧红设宴饯行，二萧同往。

7月16日，黄源也为萧红饯行，萧军同往，宴后三人同去万氏照相馆合影留念（此照现存北京鲁迅博物馆展出）。

萧红走后，萧军先后到青岛、淄博、天津等地，或写作，或访友，或游览。

他于同年10月12日回到上海，居住在吕班路256弄一所白俄开设的公寓里。

与鲁迅告别

1936年10月14日下午，刚自青岛回到上海的萧军和黄源一同去鲁迅家，看到鲁迅病情已有好转，心中甚感欣慰。萧军送给鲁迅一些由青岛带回来的小米、一本自己的短篇小说集《江上》和萧红的一本散文集《商市街》，还有一个寿山石笔架忘了带来，打算下次再带来。另外，送给海婴五个石榴。不料鲁迅忽然病情恶化，竟在这次会面后，于10月19日凌晨5时25分与世长辞了。这对热爱鲁迅的萧军无疑是个极其沉重的打击。当天早晨6时多他和黄源夫妇赶到鲁迅寓所时，鲁迅已经闭上了眼睛，体温犹存却无声无息了。他扑跪到鲁迅床前，抚摩着先生骨瘦如柴的双腿，有生以来第一次放声恸哭了……

海婴对此写过感人肺腑的回忆描述：

> 七八点钟以后，前来吊唁的人也慢慢增加了，但大家动作仍然很轻，只是默默地哀悼。忽然，我听到楼梯咚咚一阵猛响，外边有一个人，抢起快步，跨进门来，我来不及猜想，人随声到，只见一个大汉，直奔父亲床前，没有犹疑，没有停歇，没有俗套和应酬，扑到床前，跪倒在地，像一头狮子一样，石破天惊地号啕大哭。他扑向父亲胸前的时候，一头扎下去，好久没有抬头，头上的帽子，沿着父亲的身体急速滚动，一直滚到床边，这些，他都顾不上，只是从肺腑深处，旁若无人地发出了悲痛的呼号，倾诉了他对父亲的爱戴之情。我从充满泪水的眼帘之中望去，看出是萧军。这位重于友谊的关东大汉，前不几天，还在和父亲谈笑盘桓，替我们分担忧愁呢！而今也只有用这种方式来表达他对父亲的感情了。我不记得这种情景持续了多久，也不记得是谁扶他起来，劝住了他的哭泣。只是这最后诀别的一幕，在自己的脑海中凝结，形成了一幅难忘的画面。时光虽然像流水一般逝去，但始终洗不掉这一幕难忘的悲痛场面。

萧军是治丧办事处成员之一，不单积极参加各项具体工作，守灵三夜，并在 10 月 22 日移灵过沪郊虹桥路万国公墓落葬时，萧军是十六个抬棺人之一。十六个抬棺人是：鹿地亘、黄源、胡风、巴金、黎烈文、陈白尘、欧阳山、周文、靳以、张天翼、孟十还、聂绀弩、吴朗西、萧乾、曹白、萧军。萧军还担任了一万多人送葬队伍游行示威的总指挥。在灵柩落葬前，他代表鲁迅治丧办事处全体同人和鲁迅生前支持过的《作家》《译文》《中流》《文季》四大刊物讲了下面这些话：

> 我代表《译文》《作家》《中流》《文季》四个刊物和治丧办事处全体同人，向诸位说几句话，就是：鲁迅先生他不应该死，他还没到应该死的年龄，他自己也不想死，他不想用死来"逃避"自己的责任。他要活，他要用活着的最后一滴血，为中国的整个民族和人民，为世界上被压迫的大众，争解放，争平等……可是他的敌人们却要他死，三十年不准他活，接连不断地压迫了他！现在他死了，装在棺材里了……这是他的敌人胜利了吗？（群众，没有胜利！）不错，他们并没有胜利，鲁迅先生的死正是为他们点起了最后送葬的火把！鲁迅先生的死是一把刀——一把饥饿的刀！深深地插进了我们的胸槽；我们要用自己和敌人的血将它喂饱！
>
> 我们要复仇和前进！（掌声）

鲁迅逝世后，萧军参加《鲁迅先生纪念集》的编辑工作，负责国内外各报刊悼文及"逝世消息摘要"的剪裁、选定、辑录及全部发稿、校对、分类、顺序的编定，以及《逝世经过略记》一文的撰写等。

鲁迅安葬后，每周无论刮风下雨，萧军总要到墓地去看一看，献上一束鲜花，寄托自己的哀思，有时买不到鲜花，就在墓地附近采些野蒿野花来代替，从不间断。

1934 年 10 月至 1936 年 10 月两年期间，根据鲁迅日记所载，由萧军执笔一共给鲁迅写了六十五封信（其中二萧联名写的有六封）。鲁迅给萧军写过五十三封信（其中写给萧军三十三封，给二萧十九封，给萧红一封）。从这些书信，可以看出鲁迅对二萧从各方面给予了最热情最真挚最慈爱的关怀、鼓励和支持。

附录一

田军作《八月的乡村》序

鲁 迅

爱伦堡（Ilia Ehrenburg）论法国的上流社会文学家之后，他说，此外也还有一些不同的人们："教授们无声无息地在他们的书房里工作着，实验X光线疗法的医生死在他们的职务上，奋身去救自己的伙伴的渔夫悄然沉没在大洋里面。……一方面是庄严的工作，另一方面却是荒淫与无耻。"

这末两句，真也好像说着现在的中国。然而中国是还有更其甚的呢。手头没有书，说不清见于那里的了，也许是已经汉译了的日本箭内亘氏的著作罢，他曾经——记述了宋代的人民怎样为蒙古人所淫杀，俘获，践踏和奴使。然而南宋的小朝廷却仍旧向残山剩水间的黎民施威，在残山剩水间行乐；逃到那里，气焰和奢华就跟到那里，颓靡和贪婪也跟到那里。"若要官，杀人放火受招安；若要富，跟着行在卖酒醋。"这是当时的百姓提取了朝政的精华的结语。

人民在欺骗和压制之下，失了力量，哑了声音，至多也不过有几句民谣。"天下有道，则庶人不议。"就是秦始皇、隋炀帝，他会自承无道么？百姓就只好永远钳口结舌，相率被杀，被奴。这情形一直继续下来，谁也忘记了开口，但也许不能开口。即以前清末年而论，大件事不可谓不多了：鸦片战争，中法战争，中日战争，戊戌政变，义和拳变，八国联军，以至民元革命。然而我们没有一部像样的历史的著作，更不必说文学作品了。"莫谈国事"，是我们做小民的本分。

我们的学者也曾说过：要征服中国，必须征服中国民族的心。其实，中国民族的心，有些是早给我们的圣君贤相武将帮闲之辈征服了的。近如东三省被占之后，听说北平富户，就不愿意关外的难民来租房子，因为怕他们付不出房租。在南方呢，恐怕义军的消息，未必能及鞭毙土匪，蒸骨验尸，阮玲玉自杀，姚锦屏化男的能够耸动大家的耳目罢？"一方面是庄严的工作，另一方面却是荒淫与无耻。"

但是，不知道是人民进步了，还是时代太近，还未湮没的缘故，我却见过几种说述关于东三省被占的事情的小说。这《八月的乡村》，即是很好的一部，虽然有些近乎短篇的连续，结构和描写人物的手段，也不能比法捷耶夫的《毁灭》，然而严肃，紧张，作者的心血和失去的天空，土地，受难的人民，以至失去的茂草，高粱，蝈蝈，蚊子，搅成一团，鲜红的在读者眼前展开，显示着中国的一份和全部，现在和未来，死路与活路。凡有人心的读者，是看得完的，而且有所得的。

"要征服中国民族，必须征服中国民族的心！"但这书却于"心的征服"有碍。心的征服，先要中国人自己代办。宋曾以道学替金元治心，明曾以党狱替清朝钳口。这书当然不容于满洲帝国，但我看也因此当然不容于中华民国。这事情很快的就会得到实证。如果事实证明了我的推测并没有错，那也就证明了这是一部很好的书。

好书为什么倒会不容于中华民国呢？那当然，上面已经说过几回了——

"一方面是庄严的工作，另一方面却是荒淫与无耻！"

这不像序。但我知道，作者和读者是决不和我计较这些的。

一九三五年三月二十八日之夜，鲁迅读毕记。

三月的租界①

鲁 迅

今年一月，田军发表了一篇小品，题目是《大连丸上》②，记着一年多以前，他们夫妇俩怎样幸而走出了对于他们是荆天棘地的大连③——

"第二天当我们第一眼看到青岛青青的山角时，我们的心才又从冻结里蠕活过来。

"'啊！祖国！'

"我们梦一般这样叫了！"

他们的回"祖国"，如果是做随员，当然没有人会说话，如果是剿匪，那当然更没有人会说话，但他们竟不过来出版了《八月的乡村》。这就和文坛发生了关系。那么，且慢"从冻结里蠕活过来"罢。三月里，就"有人"④在上海的租界上冷冷的说道——

"田军不该早早地从东北回来！"

谁说的呢？就是"有人"。为什么呢？因为这部《八月的乡村》"里面有些还不真实"。然而我的传话是"真实"的。有《大晚报》副刊《火炬》的奇怪毫光之一，《星期文坛》⑤上的狄克先生的文章为证：

① 本文最初发表于1936年5月上海出版的文艺刊物《夜莺》月刊第一卷第三期。后编入《且介亭杂文末编》。——萧军注，下同。
② "大连丸"是当时的日本船名。
③ 大连当时已被日本帝国主义者霸占。
④ "有人"，狄克（张春桥）所指的什么人呢？还不清楚。
⑤《大晚报》1932年创刊，系国民党反动派"四大家族"之一的孔家所支持的报纸。副刊《火炬》由国民党特务崔万秋主编。《星期文坛》系该副刊所属的一种"专刊"，是张春桥等所盘踞的主要发表文章的阵地。

《八月的乡村》整个地说，他是一首史诗，可是里面有些还不真实，像人民革命军进攻了一个乡村以后的情况就不够真实。有人这样对我说："田军不该早早地从东北回来。"就是由于他感觉到田军还需要长时间的学习，如果再丰富了自己以后，这部作品当更好。技巧上，内容上，都有许多问题在，为什么没有人指出呢？

这些话自然不能说是不对的。假如"有人"说，高尔基不该早早不做码头脚夫，否则，他的作品当更好；吉须①不该早早逃亡外国，如果坐在希忒拉②的集中营里，他将来的报告文学当更有希望。倘使有谁去争论，那么，这人一定是低能儿。然而在三月的租界上，却还有说几句话的必要，因为我们还不到十分"丰富了自己"，免于来做低能儿的幸福的时期。

这样的时候，人是很容易性急的。例如罢，田军早早的来做小说了，却"不够真实"，狄克先生一听到"有人"的话，立刻同意，责别人不来指出"许多问题"了，也等不及"丰富了自己以后"，再来做"正确的批评"。但我以为这是不错的，我们有投枪就用投枪，正不必等候刚在制造或将要制造的坦克车和烧夷弹。可惜的是这么一来，田军也就没有什么"不该早早地从东北回来"的错处了。立论要稳当真也不容易。

况且从狄克先生的文章上看起来，要知道"真实"似乎也无须久留在东北似的，这位"有人"先生和狄克先生大约就留在租界上，并未比田军回来得晚，在东北学习，但他们却知道够不够真实。而且要作家进步，也无须靠"正确"的批评，因为在没有人指出《八月的乡村》的技巧上，内容上的"许多问题"以前，狄克先生已经断定了：

① 吉须：通译"基希"，捷克报告文学家。九一八事变后曾来中国。
② 希忒拉：通译"希特勒"。

"我相信现在有人在写，或豫备写比《八月的乡村》更好的作品，因为读者需要！"

到这里，就是坦克车正要来，或将要来了，不妨先折断了投枪。

到这里，我又应该补叙狄克先生的文章的题目，是：《我们要执行自我批判》。

题目很有劲。作者虽然不说这就是"自我批判"，但却实行着抹杀《八月的乡村》的"自我批判"的任务的，要到他所希望的正式的"自我批判"发表时，这才解除它的任务，而《八月的乡村》也许再有些生机。因为这种模模胡胡的摇头，比列举十大罪状更有害于对手，列举还有条款，含胡的指摘，是可以令人揣测到坏到茫无界限的。

自然，狄克先生的"要执行自我批判"是好心，因为"那些作家是我们底"的缘故。但我以为同时可也万万忘记不得"我们"之外的"他们"，也不可专对"我们"之中的"他们"。要批判，就得彼此都给批判，美恶一并指出。如果在还有"我们"和"他们"的文坛上，一味自责以显其"正确"或公平，那其实是在向"他们"献媚或替"他们"缴械。

（一九三六年）四月十六日。

附录三

我们要执行自我批判

狄　克

自我批判之于我们，

犹如空气，

水一样的需要。

我们需要批评家，理论家来帮助读者，作者。过去由于批评家底态度不好，作家们就喊着什么"圈子"啦，"尺度"啦的，和批评家们对立起来了，以至于作家和批评家当中隔离得很远：作家不管批评家底意见如何，批评家也不问作者底反响如何。这现象在去年还存在着，不过已经好了些。作家已经开始接受批评了，但是我们底批评家还是没有能够英勇地执行他底任务！

我不抹杀去年努力的结果。批评了苏汶底理论，建立了国防文学底路线。但是，对于自我批判做得不够，甚至就没有做，也是没法否认的事。

《雷雨》从发表到现在一年多了，《八月的乡村》《生死场》发表也快三四个月了，我们见到一个较详细的批评吗？《雷雨》在国外演出多次了，《八月的乡村》《生死场》也得到很多读者了，难道我们底批评家还没有得到阅读的机会？不会吧？或者是满意了那些作品吗？也未必吧！或者说：为了要鼓励作者，对于他们严厉的批评，是不合适的。或者说：等些时自然有人写的。然而，这是多么错误的事！

是的，对于那些贡献给文坛较好的作品的作者，我们应当加以鼓励，应当加以慰勉。然而，一个进步的文学者，是绝对的不会反对正确地给他些意见的，甚至他正迫切需要。如果只是鼓励，只是慰勉，而忘记了执行批评，那就无异是把一个良好的作者送进坟墓里去，我不必举远例，头些时候青年诗人×××底诗集出版以后获得赞美，大家忘了批评他，如何呢？他没落下去了！再看《雷雨》作者底单行本序文，又显出一种非常不好的态度：他不高兴别人给他底意见。他已经在自傲了！假如他底《雷雨》发表以后，就得到正确的批评，那是不会有这现象的。

《八月的乡村》《生死场》内容上没有问题了吗？

《八月的乡村》整个地说，他是一首史诗，可是里面有些还不真实，像人民革命军进攻了一个乡村以后的情况就不够真实，有人这样对我说："田军不该早早地从东北回来。"就是由于他感觉到田军还需要长时间的学习，如果再丰富了自己以后，这部作品当更好。技巧上，内容上，都有许多问题在，为什么没有人指出呢？

将这部作品批判以后至少有下面的几点好处：

（一）田军可以将《八月的乡村》改写或再写另外一部，（二）其他的正在写或预备写的人可以得到些教训，而不再犯同样的错误，（三）读者得到正确的指针，而得到良好的结果。

我相信现在有人在写，或预备写比《八月的乡村》更好的作品，因为读者需要！

批评家！为了读者为了作者请你们多写点文章吧！多教养作者吧，许许多多的人们在等待着你们底批判！不要以为那些作家是我们底就不批评！我们要建立国防文学，首先要建立更为强健的批评！我们要结成联合阵线，首先要建立健全的批评！更为了使作家健康，要时时刻刻的执行自我批判！

1936年3月15日《大晚报·火炬·星期文坛》

附录四

八月的乡村（田军作）

水晶（狄克）

秋石按：

其实，遭到鲁迅迎头痛击的《我们要执行自我批判》一文，并非是化名狄克的张春桥对《八月的乡村》的第一篇攻讦之作。早在此前一个来月,由上海杂志公司出版的《书报展望》第1卷第4期上,有着另一个笔名"水晶"的张春桥,以《八月的乡村》(田军作)为题,横挑鼻子竖挑眼地抨击上了。此文鲜为人知,现全文移录如下:

> 这是本悄悄地出版的书,我现在公开地来谈它,不也大可不必么?我想以纯粹的读书人的立场客观地来说几句读后感,先生原谅吗?《八月的乡村》告我们的是有些人在过着荒淫与无耻的糜烂生活,另一方面却正在做着庄严的工作。
>
> 可是我以为美中不足的,一是司令陈柱底个性不大显明,二是萧队长那末的一个没落的知识分子刻画得不够力,三是李七嫂之受日军蹂躏后竟能够马上执枪从众,尤其是一个聪明的朝鲜女安娜,懂得下命令,裹伤口,教唱歌,给大家讲种种有意识的言论、事实,却会因为萧同志(也许是他吧)而要求"回上海"。我不是说她们不会转变(到底是没落的知识分子),我说的只是毫无线索地突然转变得那么快而已。法捷耶夫在《我的创作经验》里谈:
>
> "例如昨天某人还是一个懒家伙,但今日已变成一个突击队员了。艺术家的任务,就在表明,这个人怎样由落后转而加入突击队、为什么要这样呢?"
>
> 本书的作者就犯了这么的一个毛病——"把主人公内在阅历表现得很薄弱""很少观察人们的改造过程是在怎样进行的",我希望作者在"一定还要写、写、写——"的时候,能够谦虚地参考一下法捷耶夫底《我的创作经验》一文。

刊登这篇文章的《书报展望》,本是上海杂志公司推销书报的杂志，印数很少，影响有限，所以，"水晶"这一侧袭，鲁迅当时并未留意。

附录五

鲁迅1936年4月28日收到的狄克来信

秋石按：

鲁迅先生痛斥狄克对《八月的乡村》攻击所写的檄文《三月的租界》，发表在同年5月10日出版的《夜莺》月刊第1卷第3期，而狄克为自己辩解请求鲁迅笔下留情的信，却是早在此前十来天就发出了。那么，这又是怎么一回事呢？原来，这《夜莺》月刊是委托上海杂志公司发行的。按规定，每期用稿清样需要送公司相应部门安排。时任杂志公司助编的张春桥，却来了一个近水楼台先得月，从设在新钟书店内的《夜莺》编辑部里看到了鲁迅先生这篇檄文。惊恐、恼怒之下，经过一番思索，仍以"狄克"之名给鲁迅先生写去一封半是求饶半是"解释"的信，同时祈请鲁迅先生给自己回一封信，以图日后向世人"解释"，挽回自己的颜面。此信原件存于北京鲁迅博物馆，曾于1977年11月出版的《鲁迅研究资料》第2期刊出。此信全文如下：

敬爱的先生：

头几天，偶然地到新钟书店去，看到《夜莺》第3期的稿件，里面有先生底那篇《三月的租界》，是关于我的。这使我心里不安好几天了；经过几天的思索，我才写这封信给先生。

关于我那篇文章，所以要写它，是由于当时读到《新文化》以及其他刊物上对于某些作品的忽略或批评的不够，先生知道的，是一片"好心"。我希望我们底批评家们多做一点工作，对于读者作者都有益的。

固然在这连投枪也很少见的现在，对于《八月的乡村》这样的作品，是应当给以最高的评价的。然而，敬爱的先生，我们是不是有了投枪就不去制造坦克车呢？就是不制造坦克车的话，在投枪制出以后我们是不是要经过大家底研究和改进它呢？如果说要的话，我底意见便在这里。我希望这投枪更加尖锐、雄伟，绝没想把它折断。对于田军，像对于每个进步的作家一样，我是具着爱护心的。写那篇文章也似乎是由于太热爱了些——以致有些话说得过火。但是，先生，对于"田军不该早早回来"这句话我并不是盲从，是有理由的，现在却不必说了，因为他和萧红已经回来了，从那个血腥的世界跑到这个血腥的世界里来了，而又献给了人们《八月的乡村》这部书，我还说什么呢？说出来，只能使我们当中有了误会和隔膜。——我认为现在还没有什么误会太大的地方。

我所要说的话，似乎就是这些。总括一句就是希望先生能够明了我底原意，虽然《三月的租界》这题目很伤大家底感情，我也不想说什么了。只希望先生能够给我一个信，使我安安心。同时，我还有许多意见告诉田军，也想在下次信里说。

信，请寄《大晚报·火炬·星期文坛》编辑部转我吧！

祝福你的健康！

狄克

据鲁迅日记载，这封信于4月28日寄到鲁迅手中。他当时骤患重病，体重剧降至三十七公斤，可是他看到狄克的来信不善，又从《夜莺》编辑部等处得知其颇有来历，于是，为了剥下其伪装革命、藏奸耍滑的画皮，不仅没有回信"私了"，反而随即在30日写出《〈出关〉的"关"》，同样登载在《夜莺》上，再一次公开给予痛击。

鲁迅还在5月4日致友人王冶秋的信中提及此事，十分愤慨狄克等"英雄们却不绝的来打击"，并且坚定地表示："我其实也真的可以什么也不做了，不做倒无罪。然而中国究竟也不是他们的，我也要住住，所以近来已作二文反击。"这里所说的"二文"，即指《三月的租界》和《〈出关〉的"关"》。

附：鲁迅著《〈出关〉的"关"》一文开首语——即借题发挥，不点名地答复狄克4月28日的相关论述文字：

> 我的一篇历史的速写《出关》在《海燕》上一发表，就有了不少的批评，但大抵自谦为"读后感"。于是有人说："这是因为作者的名声的缘故。"话是不错的。现在许多新作家的努力之作，都没有这么的受批评家注意，偶或为读者所发现，销上一二千部，便什么"名利双收"呀，"不该回来"呀，"叽哩咕噜"呀，群起而打之，惟恐他还有活气，一定要弄到此后一声不响，这才算天下太平，文坛万岁。然而别一方面，慷慨激昂之士也露脸了，他戟指大叫道："我们中国有半个托尔斯泰没有？有半个歌德没有？"惭愧得很，实在没有。不过其实也不必这么激昂，因为从地壳凝结，渐有生物以至现在，在俄国和德国，托尔斯泰和歌德也只有各一个。（人民文学出版社2005年版《鲁迅全集》第六卷第536页）

《人民日报》1976年10月21日头版下方通栏一号大标题所刊：

一个地地道道的老投降派

任 平

在纪念伟大的文学家、思想家、革命家鲁迅逝世四十周年的时候，本报重新发表鲁迅在逝世前半年写的《三月的租界》这篇杂文。学习鲁迅这篇杂文，对于我们理解当前的阶级斗争和路线斗争，识别和揭露那些早就混入革命队伍的假革命和投降派，有着极为重要的现实意义。

鲁迅这篇杂文，是对王明右倾投降主义路线的有力批判。一九三五年底，中国工农红军到达陕北后，伟大领袖毛主席在中共中央政治局瓦窑堡会议上提出建立抗日民族统一战线的政策，得到全国各阶层人民群众的热烈响应。鲁迅曾经公开地、明确地表示拥护中国共产党的正确路线，"无条件地加入这战线"。王明指使周扬等"四条汉子"背着鲁迅，解散左联，鼓吹"国防文学"，拼凑一个"中国文艺家协会"，竭力推行右倾投降主义路线。鲁迅不仅对此进行了坚决的抵制和批判，而且旗帜鲜明地提出了"民族革命战争的大众文学"这个无产阶级口号。鲁迅的革命立场和正确主张，引起周扬等"四条汉子"的不满和仇恨。他们使用了许多卑劣的手段，加紧对病中的鲁迅实行围攻。鲁迅在致友人信中曾经愤慨地说："病总算是好了，但总是没气力，或者气力不够应付杂事；记性也坏起来。英雄们却不绝的来打击。近日这里在开作家协会，喊国防文学，我鉴于前车，没有加入，而英雄们即认此为破坏国家大计，甚至在集会上宣布我的罪状。……然而中国究竟也不是他们的，我也要住住，所以近来已作二文反击。"鲁迅所反击的二文中，有一篇就是痛斥一个化名为"狄克"的小丑的。这个"狄克",在当时上海一家反动报纸《大晚报》的副刊上,发表一篇黑文章,以评论小说《八月的乡村》为名,阴险恶毒地影射和诋毁鲁迅。原因是鲁迅为《八月的乡村》写过序,热情地肯定了这本反映中国共产党领导下东北人民的抗日斗争、揭露国民党不抵抗政策的小说,"显示着中国的一份和全部,现在和未来,死路与活路。凡有人心的读者,是看得完的,而且有所得的"。首先是周扬骂了这本小说,随后"狄克"跟着就炮制出这篇黑文章,站在右倾投降主义立场,摆出一副奴隶管家的架势,对小说横加指责。这个"狄克",自己舒舒服服地蹲在"三月的租界"里,同苦难的东北人民相隔十万八千里,对他们的斗争更是茫然无知,却装腔作势地指责小说"还不真实","再丰富了自己以后"再写,云云。这个"狄克"把鲁迅对进步文学作品的热情支持,诬蔑为"无异是把一个良好的作者送进坟墓里去"。这篇黑文还特意用了个他们惯用的蛮横吓人的题目:《我们要执行自我批判》。他们要"批判"的矛头所向,清清楚楚,就是要鲁迅向他们那种排除异己、顺我者昌、逆我者亡的宗派行帮屈服,向他们那条右倾投降主义路线屈服。

鲁迅一眼看穿"狄克"这种"人面东西"的真面目。他尖锐地指出:"题目很有劲。作者虽然不说这就是'自我批判',但却实行着抹杀《八月的乡村》的'自我批判'的任务的。"因为,凡是"假革命的反革命",大抵都是躲藏在敌人的卵翼之下,披着马克思主义的外衣,利用他们那种特殊身份和特殊条件,干特殊的反革命勾当。在敌人面前冷言冷语地指责革命内部,"公正"之态可掬,其实是帮凶和投降派的卑劣行径。鲁迅的犀利的笔锋,一针见血地剥开这个化名"狄克"的"好心",完全是反革命的黑心。

这个"狄克"是何许人也?翻开历史一查,原来正是一个"假革命的反革命",一条钻在革命营垒里的"蛀虫"。就是这个"狄克",是当时大喊大叫"建立了国防文学底路线",围攻鲁迅的"英雄"之一,是"拿了鞭子,专门鞭扑别人"的打手。这篇黑文章,就是他的反革命历史的一个重要罪证。

鲁迅指出：这个"狄克"之所以要这样跳，这样叫嚷，"其实是在向'他们'（指国民党反动派）献媚或替'他们'缴械"。鲁迅的话像一把利刃，一下子就把"狄克"之流的画皮戳穿了。原来他根本不是什么"革命派"，而是一个地地道道的老投降派！鲁迅曾在《八月的乡村》序里，指出这部书"有碍"于帝国主义侵略者对中国人民"心的征服"，"因此当然不容于中华民国"。鲁迅当时断言："这事情很快的就会得到实证。"果然，《八月的乡村》出版之不久，这个"狄克"就跳出来扮演替国民党反动派效劳卖命的可耻角色。在他的"革命""正确""公正"的假面具下，实实在在地隐藏着反革命的丑恶嘴脸。四十年前向敌人"献媚""替'他们'缴械"的投降派，四十年后成为不肯改悔的正在走的走资派。当年充当反动统治者的帮凶，现在搞修正主义，搞分裂，搞阴谋诡计，结成一帮，狼狈为奸，妄图篡党夺权。请看，他这种"假革命的反革命"生涯，几十年来，不正是一脉相承的吗？这种人，不管他怎样变色龙似的狡猾诡诈，不管他怎样豺狼般地凶残险毒，也不管他怎样从三十年代一直隐藏到今天，直到伪装"左派"，爬上高位，摇唇鼓舌，欺世盗名，终究逃脱不了历史的惩罚。

一从大地起风雷，便有精生白骨堆。在尖锐、复杂、剧烈的阶级斗争和路线斗争中，无产阶级及其先锋队内部出现几个阴谋家、野心家，是不足为怪的。只要我们继承毛主席的遗志，紧密地团结在以华国锋同志为首的党中央周围，认真学习和努力掌握马克思主义、列宁主义、毛泽东思想这个无往不胜的锐利武器，像鲁迅那样永远进击，那么，任何"狄克"之类的跳梁小丑，都只能被牢牢地钉在历史的耻辱柱上！

秋石附注：

署名"任平"（"人民日报评论员"简化谐名），以通栏标题刊于1976年10月21日《人民日报》头版的这篇檄文，是在1976年金秋十月全国亿万人民热烈欢庆党中央一举粉碎"四人帮"的高潮声中发表的。这也是中央在正式公布"四人帮"被粉碎消息前夜发出的第一篇针对"四人帮"重要成员的批判文章。但这篇批判文章清算的是四十年前的历史旧账。其时，绝大多数人民群众尚不清楚檄文指向的"狄克"究竟为何人。半个月后，中共中央关于彻底粉碎"四人帮"的系列文件下达，人们方知"狄克"乃"四人帮"二号人物张春桥在三十年代使用的笔名。

需要说明的是，当时，虽说"四人帮"业已被粉碎，然而，由于"文革"尚未被否定，"左"的影响还根深蒂固。就在刊登这篇题为《一个地地道道的老投降派》的檄文同日，《人民日报》头条通栏刊发的《井冈山和延安人民决心最紧密地团结在华国锋同志为首的党中央周围……继承毛主席的遗志，坚持"三要三不要基本原则"……同篡党夺权的资产阶级阴谋家、野心家作坚决斗争》的新华社通稿中，又一再提及诸如"瞿秋白'左'倾盲动主义路线""彭德怀……实行逃跑主义、搞阴谋……"等"党内历次机会主义路线的头子"，并重申"深入批邓、继续反击右倾翻案风，巩固和发展'文化大革命'的胜利成果"，等等。故而，檄文中出现点名周扬等"四条汉子"的提法，也就不足为奇了，尽管早在一年多前周扬业已经毛泽东亲笔批示为人民内部矛盾获得了自由身。

又及，有关当时周扬已获自由并非敌我矛盾的背景材料：

1975年7月2日，毛泽东作出了解放周扬的决定。他在给中共中央政治局的批示中写道："周扬一案，似可从宽处理，分配工作，有病的养起来治病。久关不是办法，请付讨论酌处。"

相隔十天，1975年7月12日，周扬夫人苏灵扬接中央通知：周扬将于近日释放。

才过两天，1975年7月14日，周扬恢复自由，并被安排到中组部万寿路招待所一号楼二层一个套房居住。

三个月后，1975年10月16日，毛泽东在一份《学部知识分子出席国庆招待会的反映》的简报上作了如下批示："打破金要足赤，人要完人的形而上学错误思想。"可惜未请周扬、梁漱溟。

萧军与巴金

在现代中国文坛，巴金与萧军，是截然不同的两位小说家，无论是个人的性格、志向，还是创作构思、主题，作品的风格、取向与价值，都存在很大的差异。这些差异，是由两人不同的人生经历、理想与追求所决定的。巴金先生毕生尊崇的人文理想，与萧军先生几乎是与生俱来的不顾一切打打杀杀的那种流寇式理想，构成了各自的创作追求目标与人生坐标。巴金先生尊崇的人文理想，是在年轻求学、从文起就逐步确立了的。他要的是一个平等、博爱、自由、民主，所有人的人格都能受到充分尊重的平民政府。在这一点上，巴金先生与中国封建王朝的埋葬者、近代革命的伟大先驱者孙中山先生追求的天下大同目标有着相似之处。这可以从其早期的经典作品《家》《春》《秋》中得到印证。巴金先生格外崇尚讲真话与勤于解剖自己。这可以从其晚年撰写的《随想录》与《再思录》中找到最为鲜明、最为具体，也最具说服力的答案。

早在1936年10月5日上海出版的《中流》半月刊第一卷第三期上，巴金先生发表有《答一个北方青年朋友》的文章。在这篇文章中，没有加入任何团体，又不愿意介入"两个口号"论争的巴金先生，面对"国防文学"派中的一些人对自己的诘难，不得已，愤然申明：无论是西班牙的"安那其"（无政府主义者——秋石注）或中国的"安那其"，都没有破坏反法西斯统一战线，而且还有人牺牲在反法西斯战场上。与此同时，他披露了"文艺家协会"成立的内幕，表示他不愿意充当"文协"的发起人，并不见得就是反对"文协"，更不是破坏文艺界的抗日统一战线。在同一文中，巴金先生还明确表示："我自己并没有参加最近的文艺论争，但我得说一句公平话，这绝不是无谓的笔战，更不能说是'内争'。这论争对于新文学的发展是有大帮助的。有许多问题，是经过几次的论战后才逐渐地明朗化而终于会得到解决的。"

论及萧军，就不同了。可以这么说，萧军一生中的大部分时间都处在颠沛流离中，同时又一直身陷无法安身立命的逆境中。固然，自幼年起，家庭环境的艰辛与不幸——此处指其尚在襁褓中，由于生母忙于给他喂奶，一时怠慢了即将外出的烈性子父亲，在遭到丈夫的凌辱暴打自杀身亡后，他喝百家奶与包括狗奶在内的各类动物奶长大（见《萧军纪念集》，春风文艺出版社1990年10月版，第697页），以及国家遭受连绵不断的战乱，特别是外来入侵是一个主因。萧军本身的性格，特别是那种不顾一切打打杀杀的性格，与他人一言不合便反目，包括后来到了延安，经常事先不通报，便大大咧咧地要找中央领导同志谈话，遭到警卫战士的嘲弄后所引发的冲突等，则决定了他的这种流寇式的以追求自己认定的所谓顺境的理想目标，是永远也不可能实现的。不断地碰壁，不断地受挫失败，不断地处于"人言可畏"且自己又时时刻刻身心疲惫痛苦的逆境包围中，这在其延安时期的六年生活中处处可见。这是一种类似乌托邦式的幻想。笔者认为，这同他的早期患难伴侣萧红一直追求的所谓的理想爱情，以及理想的天堂般的创作居所的目标，有着极其惊人的相似之处。

当笔者开始动笔撰写《巴金与萧军的比较》这篇文章的时候，《萧军延安日记》在香港发行，这是《萧军延安日记》的第三次问世。第一次是在2006年6月中国文联出版公司出版的《人与人间——萧军回忆录》一书第九部《在延安（延安日记）》（见该书第333—453页），为部分日记节选；第二次是在2008年6月由北京华夏出版社出版的二十卷《萧军全集》之第十八、十九卷。与内地版销售时的一度孤寂相比，此次的香港牛津版，异常迅速地引发了内地读书界与一些研究人士的骚动。《南方周末》《文汇读书周报》《粤海风》等知名报刊纷纷发表评论，其中，《南方周末》与《文汇读书周报》均醒目地推出整版评述文章。《文汇读书周报》还在头版头条配发毛泽东致萧军信手迹及萧军在延安窑洞里的照片，并以《〈萧军延安日记〉里的牢骚与责难》的醒目标题，延伸至五版的"特稿"整版刊发；《南方周末》在其2014年4月17日的24版"往事"栏整版刊发《〈延安日记〉里的萧军与毛泽东》这篇错讹甚多的评述。

在这里，笔者无意也不屑对社会上一些人有关《萧军延安日记》的真伪程度的争论置评什么。作为一名当初与萧军先生以不打不相识的方式交往了九年（至其逝世，并在京西八宝山为其送行），并且做过多次长谈，还读过他的大部分公开出版物以及在获得新生后写下的几乎所有文字，与大量见证历史现场相关史料的晚辈，借助巴金研究会为纪念巴金先生一百一十周年诞辰约请撰写特稿的机会，结合目前已发表的《萧军延安日记》，做一些必要的比较和剖析。

"革命""理想""信仰"，与个人作用

"革命""理想""信仰"……

对于上述一个世纪以来人们常挂在嘴边的这几个词，巴金先生生前有过很好的注解。巴金先生是怎样说的呢？对此，我们不妨来重温一下距今二十七年的1987年12月18日，巴金先生写给人民文学出版社鲁迅编辑室主任王仰晨的信。这封信作为《〈巴金全集〉第六卷代跋》，收入2011年4月作家出版社出版的《再思录》。这封体现巴金先生一生讲真话精神的通信不太长，兹将全文移录于此：

树基：

《爱情三部曲》也不是成功之作，可是在十卷本《选集》里我却保留了它们。关于这三卷书我讲过不少夸张的话，甚至有些装腔作势。我说我喜欢它们，一九三六年我写《总序》的时候，我的感情是真诚的。今天我重读小说中的某些篇章，我的心仍然不平静，不过我不像从前那样地喜欢它们了，我看到了一些编造的东西。

有人批评我写革命"上无领导，下无群众"，说这样的革命是空想，永远"革"不起来。说得对！我没有一点革命的经验。也可以说，我没有写革命的"本钱"。我只是想为一些熟人画像，他们每个身上都有使我感动的发光的东西。我拿着画笔感到毫无办法时就求助于想象，求助于编造，企图给人物增添光彩，结果却毫无所得，我的画笔给他们增加不了什么。

有一件小事给了我启发。多少年（四五十年吧）过去了，那些熟人还有少数留在原地，虽然退休了，仍在做一点教育工作。去年我女儿女婿到南方出差经过那里，代我去看望了那几位老友，他们回来对我说，很少见到这样真诚、这样纯朴、这样不自私的人。真是"理想主义者"！

对，理想主义者。他们替我解答了问题。我所写的只是有理想的人，不是革命者。他们并不空谈理想，不用理想打扮自己，也不把理想强加给别人。他们忠于理想，不停止地追求理想，不停止地追求理想，忠诚地、不声不响地生活下去。他们身上始终保留着那个发光的东西，它们就是——不为自己。

关于这一卷的《附录》，说实话，我应当把《自白》删去，可是我没有这样做；我应该做一个较详细的说明，但我又缺乏精力和时间。青年时期的热情早已消散，我回想起五十二年前一个冬夜在北平三座门大街十四号宽敞的北屋里写这《自白》的情景，仿佛做了一场大梦，今天的读者大概很难了解我这些梦话了。其实当时就有人怀疑我所说的"我有信仰"是句空话。经过五十几年的风风雨雨，我也不是当初写这《三部曲》的我了，可能这是我最后一次翻看《自白》，那么让我掏出心来，做个明确的解释：

"一直到最后我并没有失去我对生活的信仰，对人民的信仰。"

巴 金
一九八七年十二月十八日

"一直到最后我并没有失去我对生活的信仰，对人民的信仰。"巴金先生说得何等中肯哪！他为此实践了一生。

萧军也是有理想、有信仰的现代著名作家，而且还是一个处处、事事、时时崇尚革命与造反的人。但他的方式，也就是他的行为，与具有平民思想的巴金先生并不相同：他是以一种导师、先觉者、引路人（甚至且试图引导中国共产党及其领袖）的身份去进行实践的。尽管他想说就说，既不欺骗自己，也不欺骗他人，然而，夸大个人作用或失实之处在所难免，也就不足为奇了。

在1941年8月19日写于延安的日记中，萧军在论及"十年来我在中国做了一些什么呢"时，给自己做了如此气冲斗牛的总结。萧军写道：

1. 哈尔滨时代——我复兴和领导提高那地方的文化运动，给人以勇气，影响了若干朋友（用我生活的意志和胆量），救出了萧红，教育了罗烽、白朗、舒群、黄田以及一些朋友。我在他们群队中是一颗引路的星。

2. 青岛时代——完成《八月的乡村》。影响了刘鲁华、

039

元泰等一些青年学生，而后走向革命的路。

3. 上海时代——以《八月的乡村》给中国文坛和时代开了一个新起点，以我的艺术给了中国文坛的提高。使鲁迅先生见得后继者的欢喜。国际（尤其日本）因我的作品而使中国文艺提高了国际地位。《译文》《作家》《海燕》《中流》等刊物，因我鼓动与援助的力量，得以复刊、出刊和继续。鲁迅逝世时，因我之力而争得了诸事，担任指挥入墓，纪念集底全部编辑。八一三事变后，支持胡风办《七月》一直到武汉。《八月的乡村》引激了"七七"抗战。

4. 武汉时代——拒捕，支持胡风办《七月》。

5. 临汾时代——帮助学生安全到吉县，安慰、教育、鼓励他们。

6. 第一次到延安——在招待席上，我坦然指出那时共产党人文化教养应该补充。

7. 兰州——做了启蒙运动，编报纸，讲演（五十天）。

8. 成都二年——编《新民报·新民谈座》，反映诸种事实，训练青年作家，与各报纸战斗，参加各种社会集会讲演，各大学开座谈会，讲演，与无政府主义者斗争，支持文抗，编会报，影响自由主义者、教授、学生等，与青年通信，援助他们来延安。出《侧面》指出山西的腐败。

9. 延安时代——

*第一次鲁迅先生纪念会上指出延安的缺点，参加各处讲演，发起并完成、参加文艺小组十二次巡回座谈会，解决若干文艺人生问题。

*发起文艺月会，团结延安作家，提高批评风气。

*编辑《文艺月报》，第一个打击俄国贩子萧三，以及一些不正的倾向。第二打击何其芳的"左"倾幼稚病，立波恶劣作品的影响，雪苇的"形式主义"，周扬的"官僚

主义"。

　　*和毛泽东谈话，发动了他们反"主观主义""形式主义"建立"普遍检查制度"。

　　*代李又然、高阳、张仃、杜矢甲、冯雪峰、罗烽、舒群、艾青等申冤。他们又被理解了，陈云亲自和他们谈话。使党整个起了很大的动荡。一些有用的人被理解，被吸收了。

　　*攻击了党个别的缺点使他们有校正的机会，改建文抗，建立平等制度，提高数人文化上的地位，使过去被侮辱与损害的全有扬眉吐气和工作的机会，我是他们的保护者。改善他们物质和精神生活，使中间小官僚主义（刘白羽、艾思奇）等等不能特殊化与操纵。提倡法治精神，科学方法……

　　*建立鲁迅研究会，发扬影响，编辑丛书。

　　*建立星期文艺学园，造就失学文艺爱好青年。

　　*号召"九一八文艺社"。

　　*使文艺作者与军政高级人物结合，从此理解，提高他们的地位。

　　*募捐建立文抗作家俱乐部，使天才美术家得以工作，解除苦闷。

　　*提出人所不敢用的人（陈布文）来工作。

　　*扫荡谣言，扶植善良，平抑冤屈，主持正义公理和党方面不正的倾向战斗，不避利害……使延安文艺不独开展，而且一般的风气和政策全有了新的好的转变——这就是我到延安的工作的结果和影响。这是丝毫没有夸张的。

引述至此，做一个比较。
读了巴金先生致王仰晨的信，笔者对巴金先生的自知之明，他的关于"革命""理想"与"信仰"的概念与内涵，有了一个全新的认识。"《爱情三部曲》也不是成功之作……讲过不少夸张的话，甚至有些装腔作势。……我看到了一些编造的东西。"毋庸置疑，巴金先生的深刻反思，给我们树立了一个良好的榜样。"不空谈理想，不用理想打扮自己，也不把理想强加于人。……不为自己""对生活的信仰，对人民的信仰"，这是一个扎根生活在人民群众之中的作家的心声，一个实实在在的巴金，以及他毕生为人为文的诉求。这也就是为什么三十多年来，特别是在他逝世后的十年间，越来越多的人读懂他、深切怀念他的缘故。

而且，在国家、民族的危难关头，以及在其晚年面对日本右翼势力篡改侵略历史的逆流，巴金先生都毫不犹豫地挺身而出，甚至不顾自身性命安危。

在1982年1月29日写下的《怀念马宗融大哥》一文中，巴金先生平静地向我们道出了四十六年前他亲身担当过的险些被"砍脑袋"的事情：

> 这样的生活一直持续到一九三六年第四季度他们一家离开上海的时候。这中间发生过一件事情。我有一个朋友，曾经在厦门工会工作，因电灯公司罢工事件坐过牢，后来又到东北参加"义勇军"活动。有时他来上海找不到我，就到开明书店去看索菲，他也是索菲的友人，最近一次经过上海他还放了一口箱子在索菲家中。这件事我并不知道。一九三五年冬季在上海发生了日本水兵中山秀雄给人杀害的事件，接着日本海军陆战队按户搜查一部分虹口区的中国居民。索菲的住处也在日本势力范围内，他们夫妇非常担心，太太忽然想起了朋友存放的箱子，说是上次朋友开箱时好像露出了"义勇军"的什么公文。于是他们开箱查看，果然箱内除公文外还有一支手枪和一百粒子弹。没有别的办法，我马上带

着箱子坐上人力车，从日本海军陆战队布岗警戒下的虹口来到当时的"法租界"。马大哥给我开了门。他们夫妇起初感到突然，还以为我出了什么事。但我一开口，他们就明白了一切。箱子在他们楼上一直存放到他们动身去广西的时候。

在这里，巴金先生赞扬的是马宗融夫妇如何不惧自身安危，坦然接下一口随时随地都会"爆炸"的箱子，与此同时，他也将深藏在自己脑海深处半个多世纪的这一壮举，坦露在广大读者的面前。

壮哉，中华民族的忠诚儿子巴金先生！

也就在巴金先生写下《怀念马宗融大哥》一文的同一年，日本国内的右翼势力掀起一股逆流，为军国主义招魂，修改历史教科书，将侵略说成"进入"。巴金先生为纪念中日建交十周年而写的文章《答井上靖先生》，于中日两国主流媒体同时刊出，对此谬论予以抨击。他说："把侵略改为进入，可能还有人想再次'进入'中国。这些年我同日本友人欢聚，常常觉到，保卫子孙后代的幸福，我们责任重大。"巴金先生还说："人民的力量是无敌的，也是无穷的，问题在于让他们看到真相。作为文学家，我们有责任把真相告诉他们，免得他们再受骗上当。"

巴金先生的文章在日本各界引起强烈反响，许许多多有正义感的作家、艺术家，以及一些议员纷纷撰文予以响应。他们说："日中友好，必须建立在对历史的深刻认识的基础上，否则，不会有真正的友好。"

在进入晚年后，萧军先生也有一些自省，包括深刻的反思。如以他写于延安时的日记中提及的1、2两点内容来说，就显得比较过而不太符合史实原貌。其一，关于"救出了萧红"，当时的史实是：营救萧红乃是一整个团队的作用，而且，最早去探望萧红给予温暖、勇气的，也并非萧军（他一开始以自己一无所有加以推托），是舒群等人，更有在这之前收留萧军并提供食宿，主持策划营救萧红计划的《国际协报》副刊主编老斐。萧军，以及萧军的东北陆军讲武堂战友方未艾（方靖远）等人，是随后加入这个营救团队的。萧红脱险后，先是老斐一家热情接待了这个挺着大肚子的落魄女子，而后，在这之前与萧红已有肌肤之亲的萧军，水到渠成地与之结为夫妇，从而解脱了萧红的窘境。至于萧军称"我复兴和领导提高那些地方的文化运动""我在他们群队中是一颗引路的星""教育了罗烽、白朗、舒群、黄田……"的说法，也有过头之处。若非地下党，若非披着伪满警署长外衣的地下党员黄田，用自己的住处牵牛坊做活动的场所，也就难以产生萧军这颗"引路的星"。不错，在这些人中，是萧军、萧红最早出版了反满抗日反封建色彩极为鲜明的作品——小说散文合集《跋涉》，但是，我们绝不能忘了一个事实，若非担任第三国际联络员的地下党员舒群的慷慨相助，当掉母亲给他的金饰品等未来娶媳妇的贵重物品用以资助，《跋涉》是根本面不了世的，自然也是引不起伪满日寇当局的注意与恐慌的。又如，若没有地下党金剑啸、罗烽、黄田等人为他和萧红面临的险恶环境担忧与一再催促，黄田的鼎力资助（包括后来初到上海生活无着陷于困境时的资助），以及已在青岛的共产党员舒群为他们做出的妥善安排，萧军与萧红能够顺利逃离荆天棘地的伪满洲国，乃至一抵达青岛，即有温饱水准生存的落脚之处吗？显然，上述这一切都是不可能实现的。

论及《八月的乡村》，笔者以为，它确乎是中国乃至世界上最早描写共产党领导下的人民革命武装反抗外来法西斯入侵的战争题材作品，但是，需要指出的是：第一，若非在哈尔滨时舒群从全局和左翼创作的立场出发，慷慨地转让腹稿，让萧军、萧红他们掌握中国共产党领导下的东北抗日民主联军同日寇英勇斗争实践的第一手资料，《八月的乡村》会萌生吗？第二，在创作才思一度枯竭，狂躁不已的萧军产生"一把火烧掉了它"的绝望念头时，若非一旁的萧红及时出手力阻，不断地给他以抚慰与鼓励，又若非萧红把自己的一件旧毛衣当来的七角钱买来后续复写的稿纸，并为他誊抄，《八月的乡村》能够最终得以完成吗？第三，在《八月的乡村》（还有萧红的《生死场》）因当时的恶劣政治形势遭国民党文化检查官的苛求压制，四处出版无门，若非鲁迅先生为之撰序推荐与在媒体上呼吁，这部稿子能够面世、能够成为萧军的成名作吗？显然不能！准确地说，正是鲁迅先生的大力扶掖与呐喊，三位"小奴隶"的优秀作品（另有一本是年轻的共产党员、左联盟员、鲁迅指定的二萧引路人叶紫的短篇小说集《丰收》），才给当时的"中国文坛和时代开了一个新起点"，更是鲁迅的努力，才"给了中国文坛的提高"。

全面抗战爆发，是日寇肆无忌惮扩大对华入侵战火，全中国四万万五千万同胞同仇敌忾坚决抵抗才"引激"的。应当说这是历史的必然：任何外来入侵，必然会"引激"被侵略的人民与民族的反抗。《八月的乡村》只不过是其中一把火而已。

至于日记中有关"和毛泽东谈话，发动了他们反'主观主义''形式主义'"的说法，笔者认为，这同所谓"《八月的乡村》引激了'七七'抗战"的说法，是同出一辙的。因为，这早已在延安党中央的部署之中了。

萧军做了一些在常人眼中看来很难做到的事情，或者不敢做的事情，他敢于直言说出自己心底的话，包括在延安文艺座谈会上大声宣布在旁人眼中根本实现不了的做"中国第一，世界第一作家"的宏愿等等，这是他在年轻时的一些狂妄言行。到了晚年（包括同笔者多次谈话）谈及了自己年轻时过于狂妄，说过头话，等等。这也是他与巴金先生一生低调为人为文原则的区别。但是，萧军一生的所作所为，同样是为着人民、国家、民族的。诚如1980年2月20日中共中央组织部、中共中央宣传部批复同意的关于萧军问题复查结论中指出的：萧军"是一位有民族气节的革命作家，为人民做过不少有益的工作"。又如萧军上海、延安时期的好友，被萧军在上述日记中讥讽为"形式主义"的刘雪苇，在萧军逝世不多日写下的《记萧军》（《萧军纪念集》第157—160页）的悼文中恰如其分指出的："在延安文艺座谈会上，他以轻率态度对待，说'三风''六风''九风'，我是反感的，但没有对他发言……我对萧军是这样看的：文学成就上，成绩是有的，他是中国革命的重要作家之一，但没能实现他在延安文艺座谈会上宣布的'不仅要做中国第一，还要做世界第一'宏愿。社会发展有规律，个人的存在只是偶然……思想方面，萧军并不完全准确，是用不着说的。至于为人，萧军却是个大写的，有不可及的地方。"

"一个人活着要正直、坦诚，不要欺骗别人，也不要欺骗自己。"这是萧军在其逝世的前一年夏天同外孙女的谈话。也许，这是他最后的人生格言，但晚年的他，在即将去见自己的恩师鲁迅先生的前夕，终于悟到了真谛。他一生都在努力地实践讲真话，尽管有时候所讲的真话不太合时宜，也不合群，甚至显得高不可攀，最终无法实现，一度成为人们议论的话题，但这毕竟是发自他的内心肺腑。

"我们都是他的学生"

第一次和黄源见面是在一九二九年，于今年六十五年矣。想说的话很多，但坐下来握着他的手，六十几年的往事都涌上我的心头，许多话都咽在肚里，我只想着一个人，就是鲁迅先生，我们都是他的学生，过去如此，今天还是如此。

——巴金：1994年10月16日　杭州柳浪闻莺宾馆

萧军是鲁迅的学生，这一点为人所共知：有在短短的一年四个月内，鲁迅给他和萧红的五十三封亲笔信为证，还有在1981年6月，黑龙江人民出版社为"献给鲁迅一百周年诞辰"出版的萧军新著《鲁迅给萧军萧红信简注释录》，更是详尽地记录下了他和萧红与鲁迅密切交往的深厚师生情谊，和亲如父子父女一般的真挚伦理情感。当然，不仅仅有他们一次次地去鲁迅家，与鲁迅同桌饮酒、吃饭，还有鲁迅偕夫人许广平、幼子海婴多次去他们的租屋探望，而后又请两位丧失了家园的东北青年"上馆子"，还多次在大陆新村家中共进晚餐后，又邀请他们一同去电影院观摩外国电影等众多的动人情节。因此，他和萧红的成名，立足上海文坛与蜚声海内外，都是与鲁迅的竭尽全力的扶持与举荐是分不开的。没有鲁迅为他的《八月的乡村》和萧红的《生死场》作序，就产生不了20世纪中国文坛这对耀眼的双子星座，而萧军，在日后的延安、在抗战胜利后的东北，也理所当然地以鲁迅的学生自居，甚至自行其道，在延安文艺座谈会上狂妄声称做"中国第一，世界第一作家"，声称"像今天这样的会，我就可以写出十万字来"，推行中国式的新英雄主义……个中原因，还不是在当时的延安，只有萧军才能够称得上名正言顺的鲁迅学生？故而，当1938年3月21日萧军首次抵达延安，毛泽东在闻讯立即派秘书邀请萧军前去会面谈话遭拒后，放下手头的工作，前往边区招待所探望萧军，并设宴款待。数天后，又与李富春、陈云等一起邀请萧军出席陕北公学的第二届开学典礼，并邀请萧军一起同桌大口饮酒会餐。两年后，当萧军第二次进入延安后，毛泽东又先后两次主动探望萧军，十次致函萧军，多次派人派马邀请萧军到自己的办公居所促膝交心，还无数次放下手头的工作，接待不请自来的萧军，谈话后又以酒款待，可见毛泽东对萧军礼遇之高。这在当时的延安，几乎是没有一个人可以享受到的……就是在萧军为王实味所遭受的不公仗义执言后，毛泽东也从未当众批评过萧军。在萧军执意要去乡下务农时，毛泽东先是暗中指令边区政府有关部门"刁难"，拒开介绍信予以挽留。在萧军到乡下后扛不住艰苦生活复又要求回城时，毛泽东接报后，又专门派秘书前往探视，并让延安县派人派驴将他们一家人接回城里。这一切的一切，还不是因了萧军头顶"鲁迅学生"这顶桂冠的缘故？

有关萧军在延安不顾一切地"野性"频发，屡屡和他人发生冲突，曾有人问及这样一个问题：是不是与当年在上海鲁迅对萧军"宠幸"过度有关？笔者认为，其实不然，这是他的性格使然，是很难改变的。对于萧军，鲁迅虽有"我看不要故意改（野气）"的答复，但在这位桀骜不驯的东北弟子面前，鲁迅先生不也是提出了"不能赤膊（上阵）"的忠告吗？……

鲁迅的另一位学生黄源，比萧军大一岁，是南方人（浙江省海盐县），称得上"江南才子"式的文雅人，他很看不惯萧军那种不拘小节、不修边幅、近似粗鲁的作风和神态，觉得萧军很"古怪"，不像个"文人"，一身的"野气"。为此，萧军曾写信问鲁迅，自己的野气应不应该改一改。鲁迅在3月14日的复信里说：

> 所谓"野气"，大约即是指和上海一般人的言动不同之点，黄大约看惯了上海的"作家"，所以觉得你有些特别。……普通大抵以和自己不同的人为古怪，这成见，必须跑过许多路，见过许多人，才能够消除。……

> 这"野气"要不要故意改它呢？我看不要故意改。但如上海住得久了，受环境的影响，是略略会有些变化的，除非不和社会接触。但是，装假固然不好，处处坦白，也不成，这要看是什么时候。和朋友谈心，不必留心，但和敌人对面，却必须时刻防备。我们和朋友在一起，可以脱掉衣服，但上阵要穿甲。您记得《三国志演义》上的许褚赤膊上阵么？中了好几箭。金圣叹批道：谁叫你赤膊！

紧随上述忠告之后，为防萧军错误领会自己所说的"不改"这二字的忠告，仅仅限于"敌人"，而忽视其他一些人（包括文人）的存在。于是，鲁迅先生又殷殷叮咛上了：

所谓文坛，其实也如此（因为文人也是中国人，不见得就和商人之类两样），鬼魅多得很，不过这些人，你还没有遇见，如果遇见，是要提防，不能赤膊的。好在现在已经认识几个人了，以后关于不知道其底细的人，可以问问叶他们，比较的便当。

　　鲁迅先生在信中所说的"问问叶他们"中的"叶"，指的是被鲁迅格外器重，誉为"作者还是一个青年，但他的经历，却抵得太平天下顺民的一世纪经历"的共产党员、左联作家叶紫。1934年12月19日，鲁迅先生在梁园豫菜馆设宴为从东北来到上海的二萧接风时，请了包括茅盾、聂绀弩、胡风（因信未送到而缺席）等人在内的左联重要成员作陪，其中就有叶紫。席后，鲁迅先生特地指定比萧军还小三岁的叶紫，为初到十里洋场的二萧特别是萧军做向导和监护人。在相当一段时间内，富有地下斗争经验和识别能力的叶紫，是忠实地执行了鲁迅先生这一郑重嘱托的。尽管萧军时时管不住自己的嘴巴，但一经叶紫从旁暗示或提醒，萧军也就缄了口，因为这毕竟是鲁迅先生的安排。在延安就不同了……

　　当然，萧军对鲁迅的炽热情感，也是其他人所无法比拟的。

　　1981年8月22日至28日，萧军应邀前往美国加利福尼亚州三藩市蒙特利附近的海滨阿西罗玛会议中心参加为纪念鲁迅一百周年诞辰而举行的鲁迅遗产会议。就在会议进行期间，一位自称"中国通"的西方研究学者竟然无视事实，胡说什么鲁迅先生功利性太大、气量狭小等等。其大意是，鲁迅先生无论是提拔青年，还是支持刊物，都是从自私自利的角度出发的，比如说是为了自己的名誉呀，拉起自己的大旗呀。萧军一听，顿时怒不可遏地站起来，当场不让步，举手不留情，他双目炯炯环视全场说：

　　请问，今天在座的诸位，谁没有功利性？自私自利多多少少都有点吧？（全场的人没有一个出声，谁也无法否认自己也有功利性）如果说鲁迅先生有功利性的话，那也是从我们全无产阶级劳苦大众的利益出发的，从全民族的利益出发的功利性。鲁迅不但是用笔，而且是用自己的鲜血和生命唤起民众的。他所培养的青年中，我就是其中的一个。如果他真像某些人所讲的那样，是从自私自利的个人目的出发的，那么在他去世的时候，会不会有成千上万的人痛哭失声地去悼唁他呢？甚至连国民党警察，连十几岁的小学生，都去为他送葬。送葬示威的队伍长达几十里！落葬的时候，上海民众几十个团体献给鲁迅一面旗，上面写着"民族魂"三个大字。我们，就是这"民族魂"中的一部分！请问：一个自私自利的人，能够得到如此之多的民众这样发自内心的崇敬和热爱吗？！

众目睽睽之下，萧军这一番义正词严的话语，顷刻之间将那位西方学者驳得哑口无言。

在同我本人的多次谈话中，萧军不止一次强调，他交人视友的原则，是以鲁迅为底线与特定基准的，包括他同毛泽东、彭真等老一辈无产阶级革命家的交往与友谊。

诚如他1987年6月20日在海军总医院病房内与家人们所说的话：

> 我之所以和彭真同志、毛泽东相交，首先，他们不是按一般的作家来看待我的，我也不是按一般的政治领袖来看待他们的……
>
> "共信不立，互信不生；互信不生，团结不固。"正因为他们二位对鲁迅先生有着深刻的认识，而且十分尊重，鲁迅先生对中国共产党也有着充分的认识的。我们的友情，是建立在"鲁迅关系"上的，才可能有这样的理解和久远。

1988年4月10日，距萧军去向恩师鲁迅先生会合还有两个月的时间，他在和家人的谈话中，再一次抒发了内心深处浓烈的鲁迅情结。他掷地有声地向家人交付了他的唯一精神遗产：

> 鲁迅先生，是我平生唯一钟爱的人，一直到我死的那一天，我都钟爱他。希望你们也能如此。他是中国真正的人……

笔者以为，萧军对鲁迅的情感之炽热，仿如刚出烧锅的高度原浆酒，让人一闻就醉；而巴金先生对鲁迅的情感，表面上看似一汪波澜不惊的湖水，可实际上，却是一坛窖藏了几十年上百年的绍兴花雕酒，越品味，越香醇……

巴金与黄源晚年在杭州有一次长谈，谈着谈着，黄源深情地伸出手去，轻轻地拍着巴金的手说道："那时我每次从鲁迅家出来，总要顺道到你在虹口海宁路的住处聊天，那时你的精力旺盛，一夜能写出一个短篇来……"

坐在轮椅上的巴金每每听老友谈及此事，眼前就像放电影似的回放出六十多年前发生的一幕幕。那时候，真如黄源所述，只要黄源到鲁迅家去——多半是送编好的《译文》稿子让鲁迅过目，也有其他事，不管从鲁迅家出来多晚，他总是要去巴金的住处，向巴金讲述鲁迅的情况，一个动作，一句话，还有鲁迅对时局的看法，对文坛和一些作家、作品的分析，等等。

1996年10月，鲁迅逝世六十周年。8月24日，江南特有的秋老虎还在肆虐逞威，九十岁的黄源偕同夫人巴一熔和儿子黄明明一道来到西子宾馆探望巴金。黄源觉得，巴金这回身体比较弱，讲话声音很小，全靠女儿李小林传话。黄源向巴金讲起六十三年前一起与鲁迅、茅盾会面的情形。黄源回忆道："我们共同与鲁迅见面是在1933年7

月那一次吧！"听黄源提及此事，巴金的眼睛顿时放了亮，记忆犹新地说："1933年文学社为《文学》创刊请客，我在《文学》第一期上发表了一篇叫《一个女人》的小说，是作为作者代表出席的。那是我第一次看见鲁迅和茅盾。"他们俩还一一列举出1936年10月22日鲁迅大出殡时为先生抬灵柩的那十六个人，除他们俩外，还有鹿地亘（日本进步作家）、胡风、黎烈文（后去台湾大学任教）、孟十还、靳以、张天翼、吴朗西、聂绀弩、萧乾、萧军、欧阳山、周文、曹白、陈白尘等十四人。到了1996年回顾六十年前那场声势浩大的鲁迅大出殡时，健在的只有巴金、黄源、萧乾和欧阳山四人了。世事沧桑，往事并不如烟。巴金还回忆道："鲁迅日记中有我到场的两次吃饭，我记起来了，1935年8月我从日本回来那次请客也有鲁迅先生。"

巴金提及的这次吃饭，不由得勾起了黄源对往事的深沉回忆：这是两人之间的一次成功合作。

1935年8月，正当巴金自日本回到上海，遭受国民党通缉在海外流浪多年的邹韬奋先生也回到了上海。这时，受鲁迅委托由黄源主编的《译文》杂志出刊了三卷一期，这是一期特大号，鲁迅这时候正在夜以继日执行他早就拟好的《果戈理选集》出版计划，并着手翻译果戈理的《死魂灵》，这是《译文丛书》的重中之重。这也是作为编辑的黄源同已去莫干山疗养的生活书店经理徐伯昕谈妥了的，而接替他的经理毕云程却不知。这样一来，计划就有搁浅的可能。为此，黄源专门写了一封信给邹韬奋，并附上已排好的《译文丛书》的书目，并且做了专门说明，说明前任经理早已口头允诺由鲁迅来主持这套丛书的出版事宜。不料，现在由邹韬奋主政的生活书店毁了约，说不准备出版这套丛书了。原因很简单——生活书店已经有了2月自北京南下来沪的郑振铎先生主编的《世界文库》。

生活书店毁了约，作为联系人的黄源感到有必要告知鲁迅。鲁迅听后显得异常平静，反问黄源："你看怎么办？有什么书店可以出版吗？"黄源想了想，说："我和巴金、吴朗西都很熟，他们现在办文化生活出版社，巴金任总编辑，吴朗西是经理……"鲁迅听后，当即吩咐黄源去联系。次日，黄源找到巴金、吴朗西一说，听说这是鲁迅的意思，他们尽管经济能力远远不及生活书店，却二话没说，当即承担下来。巴金还慷慨地表示：译文社每交一部稿就立马排版，至于稿酬，按版税计。鲁迅听后，自然十分高兴。1935年9月13日，鲁迅致信黄源："十五我没有事，我可以到的……"两天后，黄源做东南京饭店宴请巴金、吴朗西，鲁迅、茅盾、黎烈文出席，许广平偕子海婴，还有鲁迅邀的胡风、黄源邀的傅东华。席间，商谈甚为顺利。合同由双方共同起草，鲁迅签字。鲁迅还兴致勃勃地承诺给巴金一篇小说稿，作为巴金拟出的下一期《文学丛刊》的首篇："具体篇目，今后告河清转达。"

六十年后，巴金所说的"1935年8月我从日本回来那次请客也有鲁迅先生"，指的就是这一次。

然而，天有不测风云。就在这次有鲁迅参与的请客后不多日，生活书店再次毁约，要挟鲁迅撤换黄源，为保护弱小者，鲁迅断然拒绝了生活书店方面的无理要求。接着，黄源也愤而辞去《文学》的编辑职务，并决定前往日本与妻子许粤华会合。随后黄源把吴朗西介绍给鲁迅，今后代表文化生活出版社与鲁迅接洽相关事务。就在他和吴朗西离开鲁迅家时，黄源一想起《译文》停刊事，对方是一大批人马，而鲁迅是孤军奋战……便又一下改变了主意："我不能离开鲁迅先生，决定不去日本了。"当晚，作为好友的巴金设宴为黄源钱行，黄源和巴金、靳以、萧乾他们见面时说的第一句话就是：鲁迅先生为反对无理撤销我的《译文》编辑和一大批人马闹翻了，因此我不能离开他，决定不去日本了。听黄源这么一说，东道主巴金当场表态支持黄源的这一决定。继之，为进一步支持黄源，鲁迅停止向《文学》供稿，巴金紧随鲁迅做出同样的决定。这血浓于水的友情，直到六十年后二人回忆起来仍然激动不已。

1936年春夏，继周扬提出"国防文学"口号后，6月7日，原左联成员发起组织成立了文艺家协会，鲁迅先生不参加，黄源与巴金也不在成立宣言上签名。四个月后，1936年10月1日，也就是距鲁迅先生逝世还有十九天，经鲁迅等人提议，二十一位爱国著名作家联名发表了《文艺界同人为团结御侮与言论自由宣言》，《宣言》由巴金、黎烈文各起草一稿，后经鲁迅修改发表于《文学》七卷九号，黄源也签了名。

关于《文艺界同人为团结御侮与言论自由宣言》的起草经过，巴金后来撰文回忆道：

> 1936年五六月间，文艺家协会成立，发表了宣言。鲁迅先生拒绝参加文艺家协会，他不参加协会的原因在他的书信中讲得很明白。黎烈文、黄源、靳以和我还有别的一些拥护鲁迅主张的人，也都没有参加协会，更没有在宣言上签名。当时鲁迅先生身体不好，外出活动较少。黎烈文和黄源经常去看鲁迅先生。我向他们谈起，我们也应发表一个宣言，表示我们对当前民族危机的态度，他们同意我的意见。本来这个宣言由鲁迅先生起草，我们大家签名最好。可是先生有病，不便请他执笔。我们考虑之后，决定我们先起个草稿请先生修改后发表。这个宣言，黎烈文要我写，我要他写，推来推去并没有谈好。有一天，我和黎烈文谈起这件事，他答应第二天就去找鲁迅先生，不过，他要我起草宣言稿，我最后同意了。我开了夜车，写了一个稿子。第二天我和黎烈文在北四川路新雅酒楼见面，他也带来一份稿子。我说："你写了，我的就不用了。"他说："还是用你的吧。"最后他说："两个稿子都拿去给鲁迅先生看，由先生决定，请先生第一个签名。"黎烈文当天从鲁迅先生家出来，拿了一份有先生亲笔签名的宣言稿找我和靳以，他已经把两份稿合并成一份宣言了。他在先生家里就抄了同样的几份，出来交给黄

源、胡风等人拿去找人签名……

应当说，这是巴金创作生涯中一个里程碑。在鲁迅的旗帜下，团结更多的文化人投入到伟大的抗日救亡运动中去，巴金做出了重要的贡献。

为了进步文学的发展，巴金和黄源同鲁迅的关系日益密切，而鲁迅先生也始终对他们充满信任和支持。1936年8月1日，不明就里不知深浅受人指使的左翼作家徐懋庸，凭着年轻人的一时冲动和鲁莽，给先生写了一封措辞十分激烈的信，无端指责："先生最近半年来的言行，是无意地助长着恶劣的倾向的。……集合在先生左右的战友，既然包括巴金和黄源之流……"此时的鲁迅尚在大病中，但他仍委托冯雪峰根据他的意见起草了《答徐懋庸并关于抗日统一战线问题》的长信。初稿拟成后，鲁迅先生抱病做了认真的修改，并亲笔加上"至于黄源，我以为是一个向上的认真的译述者，有《译文》这切实的杂志和别的几种译书为证。巴金是一个有热情的有进步思想的作家，在屈指可数的好作家之列的作家"。

鲁迅为弱小者仗义执言讨还清白的言行，在半个多世纪以后，在两位老人的脑海里仍记忆犹新。鲁迅对他们的正确评价，鼓励着他们一次次渡过艰难险阻，包括黄源在1957年被打成"右派"，包括巴金在十年浩劫中被打倒在地再踏上一只脚。共同的信仰，共同的文学爱好，对鲁迅共同的深情，使得两位老人一起并肩携手，一同跨入了21世纪的大门。

1936年10月19日，一颗伟大的心脏停止了跳动。

清早，内山书店的伙计赶去告诉黄源鲁迅先生逝世的噩耗，黄源偕同妻子急忙赶往大陆新村寓所，在先生的遗体前痛哭不已。很快，在胡风的告知下，巴金和友人曹禺也一同赶到，他忍着巨大的悲痛，含泪久久地凝视先生的遗容。黄源和巴金都参加了鲁迅先生治丧办事处的工作，在万国殡仪馆为先生彻夜守灵。三天后，在万国公墓，他们俩与其他十四位年轻作家一起为先生扶灵下葬。

1986年10月，鲁迅先生逝世五十周年，巴金、萧军与黄源三位当年抬过鲁迅棺材的老友在杭州重逢，照了一张合影，并为绍兴鲁迅故里鲁迅铜像捐款。

鲁迅精神的传承者

我以为，巴金与萧军，自鲁迅逝世后，特别是二人进入晚年之后，在对待后学与晚辈的问题上，他们都是鲁迅精神的传承者。

先说巴金，他长期抚养亡友马宗融的子女，直至他们成年走上工作岗位，读者无不赞佩巴金先生的这种感人精神。在这里，笔者撷取他在年近九旬时写给故乡成都两所小学学生的信中的话来加以说明。

在1991年5月15日《致成都东城街小学学生》的信中，巴金先生写道：

> 不要把我当作什么杰出人物，我只是一个普通人。我写作不是我有才华，而是我有感情，对我的祖国和同胞有无限的爱，我用作品表达我的这种感情。……我思索，我追求，我终于明白生命的意义在于奉献，而不在于享受。……有人问我生命开花是什么意思，我说："……我们活着就要给我们生活在其中的社会添上一点光彩。……一心为自己、一生为自己的人什么也得不到。"

相隔十个月，在1992年3月8日《致成都正通顺街小学的孩子们》的信上，巴金先生饱含激情地写道：

亲爱的家乡的孩子们，接受你们送来的这一切，我不能不想：你们为什么对我这样关心？对人民我究竟有过什么成就？有过什么贡献？我从来不曾忘记生命的意义在于奉献，而不在于接受。我只是一个普通的作家，勤奋写作是我的职责，我不曾有效地使用我手中的笔，也谈不上奉献，我平平常常地度过了这一生。经过六七十年的风风雨雨，争取说真话，争取做好人，我仍然是一个普通的人。我不是你们学习的榜样，你们都应当远远地超过我。祖国和人民在你们身上寄托着无限美好的希望，你们的前途宽广、光明！因此我认为，你们没有改变学校名称的必要，就这样让我永远做你们的邻居不好吗（巴金故居与该小学在同一条街上——秋石注）？不管你们怎么想，我的心永远和你们在一起。我虽然无法给你们每个人写信，但是你们都在我的心中，我的眼睛注视着你们前进的脚步。

对孩子们如此，对好学上进的年轻人，巴金先生更是有求必应。不单是有求必应，巴金先生还会"察言观色"：从对方的衣着上洞察他的家境，然后主动伸出援手，施以帮助。2014年4月18日的《文汇读书周报》刊登了署名躲斋的《1950年代拜访巴金》的回忆文章，他回忆的是发生在1951年他亲历的一件事情。躲斋这样回忆道：

那是1951年前后，赵华锦来找我，兴冲冲地给我看一张明信片，上面只有寥寥的二三行字，署名是"巴金"，内容是约他到霞飞坊晤面。我不知道赵华锦的用意，问他："什么意思？"他很兴奋，但又犹豫，胆怯地说："我给巴金先生写了信，想去请教关于安那其主义的问题，还有克鲁泡特金……没想到巴金先生同意了，来了回信，可我有点紧张，有点'怕'，一个人去，不知道该怎样讲，你能陪我去吗？"
我明白了。

…………

记不起是哪一天了，依稀是个春寒料峭而又风和日丽的日子，赵先到我家，然后一起往访先生。我们一到门口，按铃，巴金先生早在客厅里等候了。之后，是我先开口，向巴金先生介绍赵华锦，同时催促赵提出他要请教的问题。这样，就谈了起来。先生先是倾听，不很讲话，后来略略回答了一些，都是关于哲学方面的问题和克鲁泡特金的主张之类。我只是旁听，不插话。最后，我直率地提了个不像问题的问题。我说："李先生，我很喜欢你的《短简》，清丽、流畅，特别感到坦荡而亲切。读《家》的感觉是震撼，是悲愤。可是读《春》、读《秋》，感觉和《家》不一样，好像没有《家》那样的力量。"李先生听了以后，没有立即回答，滞疑了一会儿，然后缓缓地说："你的感觉是正确的，不要怀疑自己。我写《家》的时候，生活积累较厚，饱满，来不及写。写《春》的时候，就不如以前饱满，有时有疑虑，但还是很从容。写《秋》，就更不如《春》了，但思考得多些，感情激动，但有时不免用想象来填补生活的不足。所以，还是'生活'，生活一定要丰富，才能写好。"这就是我当年与巴老所谈的全部内容，至今记忆犹新，没有褪色。

而在告辞之前，赵上洗手间，先生忽然问我："你的同学家庭情况怎样？"这使我感到意外，大概是赵的衣着让先生敏感到了他的贫困。既然如此，我就直率地告诉了先生，说赵父母双亡，非常困难，毕业以后不打算考大学。先生说了句："大学还得去考，现在要人才呀……"话音未了，赵出来了，我们向先生道了谢，告辞。

隔不多久，赵华锦又来我家，告诉我，他决定考大学，考北大，说是巴金先生汇了一笔钱给他，鼓励他升学。他激动得不得了，我也激动万分。李先生在我心中的形象从此高大起来。

读着躲斋的上述回忆文字，令我不禁想起了鲁迅先生说过的一句话：我吃的是草，挤出来的是奶，血……

巴金先生并不是鲁迅先生的嫡传弟子，鲁迅先生生前，他也没有去过鲁迅家中做过客，与鲁迅的交往仅仅是那么几次，且都在公众场合下，但他是深得鲁迅先生真传的，是将鲁迅精神进一步传承、发扬光大的人。

行文至此，还应当书上一笔，且与本文主题有关的内容，受鲁迅先生扶掖新人传统的熏陶，由巴金先生任总编辑的上海文化生活出版社，在1936年间先后为萧军出版了四本著作。这四本著作分别是：

短篇小说集《羊》，约六万字；

短篇小说集《江上》，约八万字；

诗、散文合集《绿叶的故事》，约六万字；

散文集《十月十五日》，约六万字。

同为萧红出版的散文集《商市街》（1936年8月出版，一个月后售罄即再版）、散文小说合集《桥》（1936年11月出版，至1948年先后印行四版）、散文小说合集《牛车上》（1937年5月出版，至1948年共印行三版）三部当红著作相比，显然前者要略逊一筹，篇幅单薄不说，仅印行了一版即告止步。

巴金先生是这样，萧军先生——这位常常令鲁迅头疼、哭笑不得却又器重的东北弟子，不仅对鲁迅的感情炽热如火，而且也秉承了鲁迅先生一以贯之的对青年的关爱与扶持的优良传统。在这些受益的人中，有在20世纪40年代遭受国民党特务迫害，流落在吉、黑两省生活无着的秋萤先生。当他复遭"自己人"白眼陷于困境时，不得已，他提笔给素不相识远在哈尔滨主持鲁迅文化出版社与《文化报》的萧军写信，请求帮助。当秋萤写出这封求助信的时候，萧军与《文化报》已经备受责难与围攻。在这样的情况下，萧军仍然满腔热忱地尽最大可能，给予他经济、工作、生活各个方面上的帮助，甚至，在自己被错误地打成"三反分子"后，被迫离去前夕，依然为秋萤未来的工作做着安排。有关在非常岁月发生的这个十分感人的故事，萧军逝世后，已经离休的秋萤写了一篇《故人故情悼萧军》的文章，将这件埋藏在心底深处整整四十年的往事公之于众，以志纪念。

虽说在这之前秋萤先生从未和萧军会过面，但秋萤先生曾在1937年7月出版的《明明》杂志第一卷第六期上，以《满洲新文学的踪迹》为题，对四年前出版复又遭日伪满当局封杀的二萧散文小说合集《跋涉》有着恰到好处的评价。秋萤先生写道：

> 我们先以国际都市的哈尔滨做中心来观察，在这个都市里是很可能找出几个优秀的作家来，如果以奉天与哈尔滨的文学比较，那么哈尔滨的文学确实是高出于奉天。这北地的作家们，都能刻实地，不夸诞地，去忠实地写作。……在当时最杰出的作家当首推三郎夫妇，自从他们的小说集《跋涉》出版了以后，不但在北满，而且轰动了整个满洲的文坛，受到读者们潮水般的好评，这册书一直保持到现在，还为一些人称颂不绝的。作者的每篇创作绝不是一些想象出来的故事，我们看出作者是在现实的油锅里热炼过的青年，自有他生活的经验，所以从作者笔尖滑下来的，是人生奋斗血汗的点滴。……悄吟的小说，在某一点来说，似乎有比三郎高出之处（这个分析和评价是实事求是的。以后在上海，在武汉，人们都是这样评价二萧作品的——秋石注），《王阿嫂的死》《广告副手》，都是很好的作品，至于作者描写的洁净细致，也有相当的独到之处。

秋萤先生如此，然而，要说对萧军这位"鲁门小弟子"传承鲁迅精神的动人事迹，体会最深、受益最大的后生，非我秋石莫属。

那是发生在三十五年前我亲身经历的一件事——

1979年8月17日下午2时，哈尔滨南岗文昌街省图书馆三楼小会议室，黑龙江省暨哈尔滨市文艺界为当年因背负"三反分子"罪名离别三十一载的萧军首次重返，举行一次别开生面的座谈会。时为文学青年的我，得益于一位知青女作家的帮助，有幸出席了这个小型座谈会。我以一种不打不相识的方式，直面发问萧军并与之结成忘年交，直至九年后萧军因病去世，我赴八宝山为其送行。

萧军是鲁迅的学生，有幸与鲁迅的学生会面，自然而然地，我心底的那个"鲁迅式"的作家梦顿时复活起来。

我的这个开门见山、不打不相识的发问，恰恰是有关鲁迅的话题，不仅同我们青年人有关，而且也正是萧军他们那一代人刻骨铭心的亲身经历。

座谈会上，萧军举止言谈格外平易近人，一点也没有我想象中的大作家的架子。于是，隐藏在我心底深处达三年之久的愿望（1976年金秋十月刚刚粉碎"四人帮"，我读了由鲁迅先生作序的《八月的乡村》之后产生的）顿时脱口而出。提问一开始，我这个初生牛犊不怕虎的无名小卒也不甘落后，斗胆向先生递上一个条子，内容是富有挑战性的。其大意是：你萧军刚才口口声声谈论当年鲁迅先生怎样关怀、扶植你们，可惜，现在的文艺界情况相差甚远，不知你萧军……

条子刚一递出，我又有了些许后悔：一是因为环顾左右上百人，全是省、市文艺界的精英，其中几近一半是白发苍苍的老前辈；二是他这么大声望的作家，能回答我这个虽不可笑但颇为天真的问题吗？我想，萧军如若见到此条子，即令不予申斥，也将嗤之以鼻，搁置一旁。于是乎，我忐忑不安地期待着……殊不知，刚解答完第二个问题，主持座谈会的省作协负责人关沫南便微笑着，将一张三寸条子递到先生的手上。先生呢，迅速地浏览了一下，便将我写的条子当众念开了。念毕，先生双目炯炯，环顾全场，扬扬手中的条子说："请递条子的那位同志站起来同我见个面。"

我一听，傻了！刚才初生牛犊不怕虎的勇气也不知跑哪儿去了，心想，糟了，非挨申斥不可：我虽有写条请教的勇气，可我并没有站起来面答的胆量啊！

静场片刻，见没有人应声，先生不急不恼，微微一笑说："如果那位青年同志不肯站起来，那么，我也只好这样站着等他了。"这时，全场鸦雀无声，没有人表示异议。我发现，不少人还饶有兴趣地在静静地等候着哩！少顷，主持会议的关沫南同志也慢声细气地说开了："依我看，还是请递条子的那位同志站起来吧！不然的话，萧军会一直站到底的！"

为了不影响大家，我只得涨红着脸，嗫嚅地承认自己就是写条的那位，请先生原谅我的冒昧……岂知，萧军一听，顿时和颜悦色地呵呵笑开了："不，不，不是冒昧，提得好，提得好！我萧军就是喜欢你这样的性格，不畏名人，要得！不过……"他略略俯下身子，用一种商量的口气同我说："我得同你商量一下，今天这个会，是我离别三十一年后同老朋友们的第一次会面。要回答你这个问题并不困难，但是需要时间。这样好不好，明天我请你参加另一个会，或者另约一个时间细谈，怎么样？"

我默默地点了点头，在这样的老前辈面前，我还能说些什么呢？！

萧军逝世后，从他的夫人王德芬口中得知，萧军生前所喜欢和遵循的格言有以下两条：

——对青年人要严格要求，不能客气，虚假客气是心地不正的表现。要公平正直，实事求是，这才是科学精神。

——我的道德观：积极地讲是给人以愉快，消极地讲就是不妨碍他人的愉快。人给旁人愉快，自己也愉快。

也许是我自幼失去父亲的缘故，通过这次奇特的会面，我觉得，萧军并不是一个很严厉的人，倒像一个体贴入微的慈父，如同鲁迅当年对待他和萧红一样。

事与愿违，由于我有紧急公务，次日一早，我便离开哈尔滨回佳木斯工作单位去了。我给他写了一个便条，向他致意，祝他健康长寿。

一年后，我骤然成了孤儿，心境十分恶劣又无处诉说。于是，冥冥中，我试探着给在北京的萧军写了一封长信，并附去一个正在创作中的长篇小说中的第一部分，盼请指正。由于他繁忙的缘故，我没能马上收到他的复信。以后，时间一长，便渐渐淡忘了。

时隔两年，1982年10月，我突然收到一封发自北京后海鸦儿胡同的来信。掂着信，我很是惊讶，因为在我所有的朋友中，并没有住在后海的呀！直到拆开一看，方知是敬爱的萧军先生委托他的夫人王德芬写来的。原来，两年前，他收到我的信，正值中央有关部门为他平反，接着又是赴美访问……尽管如此，他还是逐字逐句地看完了我的万余字的初作和那封长信，并在扉页上写道："此信由我亲复！"

这封迟复的信，在表示歉意的同时，对我失去母亲表示慰问，并询问我的现状、工作和创作情况。末了，嘱我经常与他们保持联系。全信情切切、意真真，字里行间体现了一位老前辈对年轻人的高度关注。自那时起，我们信来信往，成了忘年交。

从萧军身上，从与他的九年交往中，我亲身体会到了什么是鲁迅的风范，什么是鲁迅的精神，什么叫作鲁迅的传人。一年多后，我在一次南下途中到了北京，去后海鸦儿胡同那个煤尘飞扬的危楼上探望萧军。他和夫人王德芬热情地接待了我。就在这次会面三个月后，中共黑龙江省委、黑龙江省人民政府召开全省文艺工作座谈会，会上，讨论制定了一系列繁荣社会主义文艺的可行性措施。不久，萧军闻讯，便提笔给黑龙江作协的关沫南、黑龙江大学中文系的陈堤教授等老友写信，嘱托他们进一步关怀和帮助我。信的大意是：我萧军年事已高，别无所求，只为贺金祥一事，求助于黑龙江的老朋友们……我对这个年轻人有过较长时期接触，了解他的为人，也曾看过他的稿。但是我现在老了，力不从心了，因此请求你们在可能的范围内，给予这个年轻人以文学上的指导和扶持……

不仅对我的文学创作事业，就是我后来回南方工作的调动事宜，早已宣布封笔不求人的萧军，也都有求必应地给予了帮助。在历经一场惊心动魄的生与死搏击的人生之旅后，我萌发了返回江南水乡定居的愿望。在这次南返调动的过程中，许许多多德高望重的老前辈（多为有着四五十年党龄的左翼作家和延安文艺老战士）向我伸出援助之手。1987年12月10日夜晚，萧军在哈尔滨老友、黑龙江省作协负责人关沫南致居住在苏州的中国作协副主席陆文夫同志的信上（有关我南返苏州工作的事宜），欣然提笔写下了如下一段话：

文夫同志：

　　我也求一份"人情"，希望您在可能的范围内，给贺金祥同志以大力协助，果所至盼者。

　　祝

好！

　　　　　　　　　　　　　　　　　　萧军　　1987.12.10

萧军将鲁迅善待、帮助年轻人的热忱，言行一致地发挥到了极致，这也是我誓言献身于以鲁迅为代表的20世纪30年代左翼文学研究事业的信心、决心、动力之所在。

回顾他为我向陆文夫先生"我也求一份'人情'"的深情嘱托，我同样将他1988年4月10日向家人做的这个"钟爱"鲁迅的嘱托，视作对我这个晚辈，接受过他一次又一次鲁迅式热忱关爱的晚辈的郑重嘱托！

1988年6月16日下午，我赴海军总医院第15病区5022病室探望萧军，然而他已经不能说话了，六天后他告别了人世。7月8日我到八宝山为他送别。

　　毋庸置疑，是萧军真正开启了我的鲁迅式作家梦，开启了我的鲁迅研究及左翼文学研究的学术之路。

萧军与王实味

　　五十六年前发生在红都延安的王实味事件，究竟是怎么一回事？现在，随着岁月的流逝，历史已经做出实事求是的回答。

　　萧军与王实味素昧平生，直到后来在未经毛泽东同意的情况下王实味被错误处决，萧军也从未与王实味说过一句话（此文系1997年2月应《解放日报》"朝花"主编约请撰写。由于未经考证，笔者此说有误，谨向读者致歉。近查萧军日记获知：当年王实味遭不公正批判后，有感于萧军为他仗义执言，曾两度找过萧军，但二人话语仅寥寥几句。当王实味又一次找萧军时，萧军还呵斥了他。尽管如此，萧军还是尽心尽责，按照王实味的嘱托，将王实味亲笔撰写的通篇充溢着挑衅意味的一封辩解信，通过时任"文抗"支书刘白羽，转给了毛泽东。此事发生在鲁迅纪念大会举行半月前——秋石2011年12月23日注），自然也不存在"同党"或"托派嫌疑"的问题。然而，由于萧军生性耿直，对一些不良现象易激动而仗义执言，尤其是对批判王实味的过程中出现的缺乏民主和实事求是的过火行为一再表明自己的鲜明立场，因而受到株连，招致了一系列的麻烦和痛苦。最终，是毛泽东替他解了围。

　　历史上，萧军先后两次抵达延安。第二次赴延安是在1940年6月，时萧军在成都、重庆等地积极宣传抗日救国主张，因其鲜明的抗日立场和不断撰文对国民党的假抗日真反共行径进行抨击，被国民党特务列入黑名单。经中共四川省委负责人罗世文及时通报，在重庆八路军办事处负责人林伯渠、董必武和邓颖超等人的安排下，萧军与妻子王德芬携女儿及好友舒群一起乔装打扮，于6月14日经西安抵达延安。

　　一年后，由于看不惯某些人身上存在的宗派主义、行帮作风，萧军同一些人产生了隔阂。彷徨苦闷之余，他再度产生欲去抗日第一线"同日寇面对面干"的念头。为此，他数次向毛泽东请求，经毛泽东再三抚慰和挽留，萧军"安心立命"下来。诚如毛泽东在1941年8月2日给他的信中所说："延安有无数的坏现象，你对我说的，都值得注意，都应改正，但我劝你同时注意自己方面的某些毛病，不要绝对地看问题，要有耐心，要注意调理人我关系，要故意地强制地省察自己的弱点，方有出路，方能'安心立命'。否则天天不安心，痛苦甚大。"

　　受毛泽东委托，萧军开始搜集、整理文艺界各方面的意见和情况，并频繁地同毛泽东书信往来和恳谈。在延安文艺座谈会召开前后的近十个月中，毛泽东先后给萧军书信达十封，恳谈七八次，体现了领袖同作家之间的亲密友谊。1942年5月2日下午，延安文艺座谈会在杨家岭中共中央办公厅礼堂隆重开幕，毛泽东做了极富时代意义即后来被称为《引言》的讲话。当大会转入讨论后，毛泽东即请萧军第一个发言。萧军发言的题目是《对当前文艺诸问题之我见》（刊于1942年5月15日延安《解放日报》）。公木、雪苇、何其芳、张仃等人后来的回忆，以及王德芬整理的有关材料表明，萧军的这个发言直言不讳。针对某些人鼓吹的空洞无物教条式的理论，萧军嘲讽地给予了"三风""六风""九风"的抨击，他还这样气冲斗牛地讲：红莲、白藕、绿叶是一家；儒家、道家、释家是一家；党内人士、非党人士、进步人士是一家；政治、军事、文艺也是一家。虽说是一家，但他们的辈分是平等的，谁也不能领导谁。我们革命，就要像鲁迅先生一样，将旧世界砸得粉碎，绝不写歌功颂德的文章。像今天这样的会，我就可以写出十万字来，我非常欣赏罗曼·罗兰的新英雄主义。我不仅要做中国第一作家，而且，还要做世界第一作家。

延安文艺座谈会结束后，萧军再度致函毛泽东要一张去三边考察、体验生活的旅行通行证。对此，毛泽东复信：

萧军同志：
　　来信已悉，王旅长现去鄜县，俟他回来，即与他谈。
　　此复
　敬礼

毛泽东

五月二十五日

然而，萧军想去三边旅行的这个愿望未能实现，因为此时发生了王实味事件。

是年五六月间，中央研究院的研究员、中共党员王实味，因发表了几篇暴露延安阴暗面的文章，如《野百合花》《政治家、艺术家》，被国民党反动派利用做了反对共产党和陕甘宁边区政府的宣传材料，从而把自己推向了延安"绝大多数"的对立面，受到持久的大规模批判。

王实味的问题发生后，李又然跑来找萧军，恳请萧军去向毛泽东反映情况，希望能给王实味解一下围。萧军后来回忆道，自己当时不知轻重，自恃同毛泽东交往较多，便挺身而出了。毛泽东对他的态度一如既往地热情、友好，但是斩钉截铁地拒绝了萧军的说情。毛泽东对他说，这事你不要管，王实味的问题复杂。他不是一般的思想意识的错误，他有问题。自此之后，萧军虽然听从了毛泽东的话，不再过问王实味的问题，但是消息很快传开，引起了一些人特别是本来就对萧军存在不良看法的人的不满。

6月初，萧军随"文抗"的同志参加了一次由中央研究院召开的批判王实味的大会。当时，会场秩序比较混乱，王实味每说句什么，便会立刻招来一片怒吼和痛斥声。坐在会场后边的萧军由于听不清前面的人说些什么，于是站起来喊："喂……让他说嘛，为什么不让他说话！"这样一来，会场上人们的目光全部集中到了萧军的身上，而萧军对此却是一脸的不在乎。

散会以后，在归来的路上，萧军针对会场上出现的混乱现象，憋不住又说了几句不满的话，认为这种批判缺乏实事求是的说理态度，还以东北人特有的表达方式说了诸如"往脑袋上扣屎盆子"之类的粗话。他的这些话，被走在一旁的一位女同志听到后，当即向"文抗"党组织做了汇报，而"文抗"党组织也迅速将此事通报中央研究院。于是乎，形势一下变得严峻起来。没过几天，中央研究院派出四名代表来到"文抗"驻地，向萧军提出抗议，并要他承认错误，赔礼道歉，等等。这一下萧军来了火，大声斥问来人："你们有话到中央说去，有状到中央告去！是我让王实味到延安来的吗？是我吸收他入党的吗？是我用小米养活他的吗？是我让他反党的吗？……"

中央研究院的四名同志离去后，越想越不对劲的萧军，为正视听，当即伏案疾书，写就了一份有关王实味批判大会的书面材料，说明事实真相，并且表明自己的意见，上呈党中央和毛泽东参阅。后来，他将这份材料取名为"备忘录"，在"文抗"整风小组会上宣读一遍。之后，在10月18日下午延安各界举行的两千人参加的鲁迅逝世六周年纪念大会上，他出人意料地又将《备忘录》宣读一遍。

这样一来，就像炸了锅似的，会场上展开激烈的论战。其中，情绪最为激昂的要数党员作家丁玲、周扬、柯仲平、李伯钊以及党外作家陈学昭、艾青等人，而萧军却是孤身一人。论战从晚上8时到次日凌晨2时，整个会场鸦雀无声，无人退场。大会主席吴玉章见双方僵持不下，便站起来说："萧军同志是我们共产党的好朋友，我们一定有什么不对头的地方，使得萧军发这么大的火！大家应当以团结为重，我们有什么不对的地方应当检讨检讨！"

听了吴玉章老先生这一番话，萧军心头的火气顿时消了不少。他当即也深明大义地做出反应："吴老的话还使我心平气和，这样吧，我先检讨检讨，百分之九十九都是我的错，行不行！那百分之一呢，你们想一想是不是都对呢？"

"这百分之一很重要！我们一点也没错，百分之百全是你的错，共产党的朋友遍天下，你这个朋友等于'九牛一毛'，有没有都没关系！"丁玲斩钉截铁地表了态。

萧军一听，刚刚压下去的火又一下子蹿了上来。他愤懑地说："百分之九十九我都揽过来了，这百分之一的错你都不承认，既然如此，你尽管朋友遍天下，我这'一毛'也别附在你这'牛'身上，从今以后咱们就拉、蛋、倒！"他用手势狠狠地挥顿了三下，拂袖而去，其他与会者也尽皆不欢而散。

有人曾经撰文说，丁玲之所以使劲同萧军对垒，是因为她在王实味问题上有牵连急于摆脱。其实事情并不完全如此。其一，丁玲从来没有鼓动过王实味写什么"反党"的文章，王实味也从来没有就他写的几篇暴露文章事先征询她的意见。其二，丁玲曾经写过一篇《"三八节"有感》的文章（载于《解放日报》文艺副刊上）。而偶合的一点是，在其后不久的3月13日第102期、3月26日第106期《解放日报》文艺副刊中，刊登了王实味写的《野百合花》……后来，这两篇文章都被国民党反动派利用来攻击延安。时隔四十年，丁玲在复出后所写的《延安文艺座谈会的前前后后》一文中坦率承认："现在重读它，也还是认为有错误的。"

1942年4月初，在中央召集的高干会上（文艺界仅周扬和丁玲出席），丁玲受到包括贺龙同志在内的一些人的批评。对此，毛泽东加以区别。就在这次高干会结束时，毛泽东做总结指出：《"三八节"有感》虽然有批评，但还有建议。丁玲同王实味不同，丁玲是同志，王实味是"托派"。

在一个月后召开的文艺座谈会开幕式上，丁玲在发言中仍然坚持自己的观点和立场。她强调："文艺到底应该以歌颂为主呢，还是以暴露为主呢？……我想：对于光明的进步的，当然应该给以热情的讴歌，但对黑暗的阻碍进步的现象，我们绝不能放下武器，袖手旁观，应该无情地暴露它。"

在这之后学习毛泽东《讲话》的过程中，丁玲还先后写了《关于立场问题我见》和《文艺界对王实味应有的态度及反省》两篇体会文章，分别刊载于《谷雨》《解放日报》上。内中一些观点，依然多多少少地坚持了"文艺批评"这个武器。

因此，在半年后的大会上对萧军的批驳，并不能说明丁玲的强硬态度是因为同王实味"有牵连"而致，何况同萧军对垒的一共有七人，包括萧军在武汉、临汾时的好友艾青等。

1942年秋延安整风已经全面展开，萧军为王实味说话，便在无形中被扣上"同情托派分子王实味"的罪名。随着整风运动的逐步深入，特别是反革命两面派康生搞什么"抢救运动"，使得许多同志蒙冤受屈，萧军自然是首当其冲了。一时间，揭发检举萧军的书信材料接连不断，甚至极为可笑地把他这个已经离开东北十年，因抗日屡屡受到日本侵略者和国民党特务迫害而四处逃亡的鲁迅学生，当成"东北红旗党"潜入延安的大特务。不久，康生一伙又指令社会调查部将萧军列入了"清查"名单，并安排专人跟踪调查。

1943年3月，"文抗"撤销后，一部分作家下乡去了，一部分则被分配到其他单位参加整风运动，独独萧军无处可去，仍住在原处，他同毛泽东之间也中断了来往。不久，"文抗"旧址改为中共中央组织部招待所，招待所负责人把萧军看成"审干对象"，对他一家极不客气，还时不时地刁难。一日三餐，都要他们步行下山到平房食堂。此时萧军妻子王德芬生产在即，每天三下三上十分吃力。为了妻子的身体和胎儿的安全，萧军去找招待所负责人，问可不可以由他将妻子的饭菜带上山去，这位负责人毫不通人性地拒绝了。萧军据理力争，言来语往，这位负责人竟下了逐客令。萧军绝不受任何屈辱，便做出自食其力下乡种地的决定。第二天，1943年12月4日，他带着肚子高隆的妻子和两岁半的女儿离开招待所，来到陕甘宁边区政府。适巧林伯渠主席外出开会不在，边区政府民政厅厅长刘景范问清原因后，便劝萧军别下乡，有事慢慢商量再说。萧军决心已定，很快就到了延安县川口区第六乡念庄，几天后又搬到刘庄，借住在老乡存粮的一孔石窑内。

就在这时，路过念庄时结识的一位名叫贺忠俭的老乡向萧军伸出友谊之手，贺忠俭从最初的交往中认准了萧军是好人而不是什么大特务，要和萧军结拜兄弟，二人还约好来年一开春就一同开荒种地。在得知萧军全家被停止供给后，贺忠俭拍着胸脯说："有我们吃的，就有你们吃的！"他把放羊挣得的小米一分为二。正是在他的帮助下，萧军一家才没有挨饿。其间，萧军凭着自己的意志和毅力，到山下小河沟担水，到一二十里外的荒山上砍柴。时间一长，老乡们也就把他当作自己人了。

1944年1月3日，王德芬生下第二个女儿。乡下没有医院和助产士，萧军就自己动手接生。为纪念这次下乡务农，他为女儿取名"萧耘"。女儿出生后，妻子一时行动不便，他除去日常的砍柴担水杂务外，还承担了换洗尿布的事。春节前夕，老乡们从村干部那里打听到他原来是从大上海来的写过好多书的作家，于是纷纷请他写春联，坐席喝酒，还送来大量年货。

1944年3月3日，萧军住的石窑里来了两位"不速之客"：延安县委书记王丕年陪同毛泽东的秘书胡乔木来看望他们了。

胡乔木委婉而又关切地说："我是路过这里，顺便来看看你们，日子过得怎么样啊？"王丕年接着说："老萧哇，这里的卫生条件太差，村里连个医生也没有，万一孩子生病，也买不到药，我看你还是回城里去吧！"

二人的来意十分明显——是受了毛泽东的委托，动员萧军回延安去。刘庄是一个极为偏僻的小山村，没有王丕年领路，胡乔木是找不到萧军的。如今胡乔木说"顺便"来看看，虽然没有明说系毛泽东委派，也许是怕长了萧军的傲气，但带来了毛泽东的关怀和友谊。萧军回答："谢谢二位啦，让我好好考虑考虑再回答你们。"

两位客人离去后，王德芬对萧军说，共产党的领导人这样关心你，没有把你当外人，你也应当多为他们着想。他们天天辛辛苦苦地为全国的老百姓和抗日事业操心，你也应该心平气和地对待下面个别人的官僚主义……毛主席和你交情这么深，他听说你下乡种地，一定很记挂你，所以派胡乔木同志和王丕年同志来动员你回去。再则，让国民党反动派知道了，又要造谣了，会对整个边区共产党产生不好的政治影响……

经过考虑，萧军做出了回延安的决定。延安县委书记王丕年派来两头毛驴，将萧军一家送到文艺界人士集中的延安中央党校三部。临别，热情的刘庄老乡将他们送出庄外很远，萧军和贺忠俭更是挥泪告别。

从1942年6月因王实味批判大会引发的一系列矛盾和波折，最终在毛泽东的再一次亲切关怀下得到化解。萧军则心情舒畅地投入到了新一轮火热生活中……

附注与更正：

此文发表后，即有多位前辈及知情人向我指出，文中涉及1942年10月18日延安各界纪念鲁迅逝世六周年大会上萧军独自一人与其他七位作家论战至次日凌晨2时的说法与史实严重不符：一是会议自午后至黄昏止，根本不及深夜。二是吴玉章老先生不在会上，更谈不上是什么大会主席了，大会执行主席是丁玲（20世纪80年代初萧军在新疆师大座谈时也谈及那次大会执行主席是丁玲）。三是与其论战者主要是大会执行主席丁玲（因萧军"破坏"大会日程而致）等一二人，刘白羽在台下只是提了一个动议，而柯仲平则是帮萧军说话的，散会时胡乔木指责柯仲平"你的话有点右"！四是"论战"的内容也颇有出入。为此，笔者曾在2000年至2001年多次拜访当年的与会者陈明先生等人，还电话采访了刘白羽同志等人，他们都证实，原来有关此事的描述出入很大，应予更正。另据了解，当时受命布置此次纪念大会会场及绘制主席台上方鲁迅画像的延安"文抗"俱乐部主任张仃先生，也在2002年向有关人员澄清了自20世纪80年代中叶流传至今的有关此事的不实描述。

附录一

必须澄清的史实

2000年3月30日，距《文艺报》为我《萧红与萧军》新著召开研讨会才两天，延安文艺老战士、丁玲战友陈明先生，同我做了一次比较深刻的谈话。谈话是在木樨地22号楼他的寓所进行的。他说，你的书我看了，你能数年如一日地为长期受冤屈的老作家仗义执言，这一点值得赞赏，也应当发扬光大。接着他谈道：也许你是受传主本人留存史料及口述的影响，有一个问题必须向你指出，并希望你能在进一步调查考证后予以纠正。陈明先生说的是1942年10月18日在延安中央党校大礼堂举行的延安各界纪念鲁迅逝世六周年大会上发生的事。为此，他提到1987年第4期《新文学史料》刊登的王德芬撰写的《萧军在延安》一文（后收入陕西人民教育出版社1992年8月出版的《延安作家》一书），对该文中涉及的部分情况，特别是关于"从晚上八点到深夜两点约六个小时还没有收场"的萧军"舌战群儒"这一情节，以一个目击者的身份提出强烈的质疑。事后经了解，早在此前十来年，也就是王德芬的《萧军在延安》一文刊出不久，《新文学史料》还刊登了陈明先生对此不同的表述文章，除"舌战群儒"这一情节外，还对萧军在大会上宣布的"我一支笔要管两个党"的强硬论调提出质疑。

在陈明先生向我指出时，我已经多处引用了王德芬先生有关这一问题的相同表述，其中包括1996年第5期《艺术家》杂志（天津市文联主办）和1997年5月22日上海《文汇报》刊发的长篇纪实《毛泽东与萧军》等。与此同时，在已经交付作家出版社发排的四十六万字评传作品《两个倔强的灵魂》一书中，亦有类似表述。

陈明先生向我指出后，我首先翻阅了刊登在1987年第4期《新文学史料》上由王德芬先生撰写的《萧军在延安》一文，对这一事况，王德芬是这样写的：

> 萧军想去旅行的愿望始终未能实现，开始是因参加了文艺座谈会，后来是因为发生了"王实味事件"。
>
> 五六月间，李维汉校长，范文澜副校长领导的中央马列学院（后改为中央研究院）的研究员中共党员王实味受到了批判，因为他发表了几篇暴露黑暗的文章：《野百合花》《政治家、艺术家》《文艺的民族形式短论》等，产生了极坏的影响，被国民党反动派利用做了反对共产党和陕甘宁边区政府的宣传材料。
>
> 六月初萧军随"文抗"的同志们去参加中央研究院召开的一次批判王实味大会，对会场上的混乱现象不以为然，在归家的路上说了几句不满的话，被走在一旁的一位女同志听到了，向"文抗"党组织汇报了。过了几天，中央研究院派了四名代表来找萧军，向他提出了抗议，要他承认错误，赔礼道歉，被萧军拒绝了。为此萧军写了一份书面材料上呈中共中央毛主席，说明了事实经过，并提出了自己的意见，他把这份书面材料取名为"备忘录"，在"文抗"一次整风小组会上宣读了，又在十月十九日下午近两千多人参加的鲁迅逝世六周年纪念大会上宣读了一遍，为此，当场和五名党内

作家丁玲、周扬、柯仲平、李伯钊、刘白羽，还有两位党外作家陈学昭、艾青，在讲台上展开了激烈的辩论，从晚上八点到深夜两点约六个小时还没有收场，会场上鸦雀无声，无一人退席，都要看个究竟，萧军在讲台上"舌战群儒"，越辩越激烈，当时吴玉章同志作为大会主席正在讲台上，他看双方僵持不下就站起来说："萧军同志是我们共产党的好朋友，我们一定有什么方式方法不对头的地方，使得萧军同志发这么大火！大家应当以团结为重，我们有什么不对的地方应当检讨检讨！"

萧军听了吴老的话，气消了不少，他说："吴老的话还使我心平气和，这样吧，我先检讨检讨，百分之九十九都是我错，行不行？那百分之一呢，你们想一想是不是都对呢？"

"这百分之一很重要！我们一点也没错，百分之百全是你的错，共产党的朋友遍天下，你这个朋友等于'九牛一毛'，有没有都没有关系！"丁玲不顾吴老的调解和开导，斩钉截铁地竟这样表了态。萧军说："百分之九十九我都揽过来了，这百分之一的错你都不承认，既然如此，你尽管朋友遍天下，我这'一毛'也别附在你这'牛'身上，从今以后咱们就拉、蛋、倒！"萧军用手势重重地顿了三下，怒冲冲拂袖而去，大会不欢而散。从此，萧军虽然和王实味素不相识，更无来往，就因为对批判会说了几句不满的话，就被扣上了"同情王实味"的罪名，和某些同志之间产生了隔阂。

接着，我又查阅了由新疆师范大学中文系根据1984年9月26日上午萧军在新疆师范大学座谈会上的谈话录音整理而成的小册子《萧军谈"左联"》（内部文本，主要整理人为新疆师范大学中文系副主任黄川，2001年冬，在上海复旦大学第九宿舍贾植芳先生寓所，笔者与他初次相识）。在谈及当年延安这一幕时，萧军讲述道：

　　丁玲是批判过我，而且当过两次批判我的大会的主席，第一次当主席是在延安，第二次当主席是在东北。第一次在延安为什么呢？是为了王实味的问题挑起来的，1942年，在纪念鲁迅先生逝世六周年的纪念大会上。因为那时候王实味被算为"托派"，今天看来他究竟算不算"托派"呢？我还是个疑问，可是当时有人说他是"托派"。为了这个问题，我曾经问过一位所谓高级的负责人，我说："你说说，王实味究竟是托派，还是托派思想？"他说："托派思想就是托派。"我又说："这可是你说的呀！而我的理解不是这样子，我认为托派有一定的组织，有一定的活动。在延安，请你把他的材料举出来我们大伙看一看。"他当然没有材料可举了，受托派思想的影响，或者过"左"一些，这也可能，但是这也不能算作是托派呀！这是我的看法。为此，延安马列学院开会的时候曾"斗争"过我……这话说起来就长了，我也不想详细说了。所以，我一直背着一个同情托派王实味的包袱在背上，直到"文化大革命"也如此。今天，王实味已经死了，又听说他不是托派了……不是托派了，也没见到过正式文件。

　　我和王实味原来并不认识，因为一个朋友（李又然，诗人）他到我这里来唠叨说："王实味是个好同志哎……"（萧军模仿着朋友的南方腔调说）那个时候，我和毛主席比较算常常接近，不能说是来往吧。过了延河，我就可以到他那里去串门儿，赶上他开会，我夹着棍子就走（我那时习惯，走山路带棍子），他不开会呢，我就上他的窑洞里聊一聊，不像后来那么森严（众笑）。李又然要我到毛主席那里去讲一讲。"听说王实味要脱党，这样影响不好哎……"他说。我也不是个党员，也不了解这个情况，就说："王实味要脱党就叫他脱呗！"他说："这样子不好哇，影响不好哎……"他要我一定去和毛主席讲讲这件事，我说："好吧。"

记得那天吃过晚饭，李又然送我到延河边，我脱了鞋子，蹚过水，过了河，去杨家岭毛主席住的地方。我问毛主席的传达："主席开会没？"他说："没有。"我说："请你传达一下，说我来了。"于是传达告诉我："主席请你上来坐。"见到主席，我就提出来："听说王实味要退党这个影响是不是不好？"毛主席说："这件事你别管——"我说："我并不想管哪，因为有个朋友叫我来管管，我就来问一问呗。"主席又说："王实味有托派嫌疑。""他并没有参加托派呀。""有托派的问题在里头，你别管——"于是，我们就谈些别的事了。

过了三五天吧，我住的"文抗"隔壁就是马列学院，院长是罗迈（李维汉），副院长范文澜，他们那一天斗争王实味，我本来就不想去，后来一位朋友来（于黑丁，当时是"文抗"秘书长）说："你去听一听嘛。"我想，听一听就听一听吧，反正很近，一进大礼堂，看见王实味坐在一张躺椅上，病病歪歪苍白细瘦的样子，三角脸，他刚一说话，大家伙就截住他的话，一说话，就又拦住他。我就说："这样子也太不合乎道理了，他说的什么话也听不清楚，究竟他的观点是什么样子，我们静下来听一听好不好？你叫他把话说完了，再批评也不晚哪，你有理论还怕他，让他讲完话嘛！"后来在场的人们也同意了我的提议，叫王实味讲，于是他就讲他不是托派等等事情。会开完了，我就犯了点"自由主义"说："这他妈的开的什么会，简直是狗打架，倒尿盆！"（众笑）这话，就叫一个和我们同行的女同志给我汇报了！（众大笑）临来新疆前在北京我还见到这位女同志了呢！彼此也没什么，彼此握握手。（众笑）这一汇报嘛，他们就研究喽，说"萧军反对斗争托派王实味"的这个帽子从此就给我卡上了！……你同情托派王实味还得了吗？！

这一天，有人告诉我："要斗争你啦！"我说："好吧，来吧！"（众笑）那么，就来了四位同志，第一位是金灿然（已死），第二位是王天锋（马列学院的），第三位是郭静（女，马列学院的），第四位是郭小川（诗人，已死），他是我们老乡。（众笑）他们拿了一份材料，他们叫作"意见书"，我说这是"警告书"，大约延安的八大团体和108个个人的签名，据说原来是300多人签名，因为弄丢了一页名单，只剩108人。在这"警告书"里，他们反对我，说我是共产党的朋友，为什么同情托派……我一看，这问题没完哪，于是我说："你们请吧，今天恕不招待。"他们说："我们来串串门儿还不可以吗？"我说："你们今天是当'特使'来的，我恕不招待！这个问题咱们提到中央去解决好了。"他们说："那咱们走吧。"我说："你们走吧，这个问题咱们完不了，你们想完我还不想完呢！"所以，我后来就写了一份"备忘录"。我那时多么狂妄嘛，（众笑）国与国之间才写"备忘录"呢。有朋友问我："你为什么叫'备忘录'？"我说："我怕你忘了，所以叫'备忘录'！"我越想越憋气，觉得怪冤枉的，于是在晚上的跳舞会上，我就通知他们："明天，我来回答你们的问题！"

第二天上午，在作家俱乐部，他们都来了，约百十来位吧，我就把我的"备忘录"一掏，从头到尾地念了一通！谈到我，谈到王实味，我说我并不认识王实味……谈完以后，我就走了。陈学昭说："他把我们骂完了，就走了，不能叫他走！"可是谁也没敢来拉住我，我也不管他们，走了！（众笑）可是我还是气不过，这时正赶上鲁迅先生逝世六周年纪念会，因为我是鲁研会理事，在会上反正要发言的，于是我谁都没告诉，连我老婆都没告诉，就把这"备忘录"揣在兜里了，该我讲话了，我又拿出来从头到尾念了一通！（当年在场的画家张仃回忆说："那天萧军站在讲台上从兜里一掏出那么长的'备忘录'，我的脑袋嗡的一下子就大啦！真不知他要捅出什么娄子来！至今记忆犹新……"）当然我要为自己的观点、立场来辩解了。那天的大会主席是谁呢？是吴玉章——吴老。丁玲好像是执行主席，记不清了。我这一念，把"马蜂窝"给捅下来了！整个九员大将，也许是七员大将和我一个人论战起来，全场大约一千五六百群众观战！

这几员大将，今天我也可以提一提，反正都是"光荣"的嘛。（众笑）第一有丁玲，还有刘白羽、周扬、柯仲平、陈学昭、李伯钊，还有诗人艾青，这些都是知名人士。（众笑）革命队伍里就是这么复杂呀！他们批评我一通，我接着就反批评一通。我记得当时我曾写过一篇文章，其中提到："不要用同志们的血来洗自己的手！……"艾青说："我只看见过水洗手——没见过血洗手——"李伯钊当时也讲："共产党没有对不起萧军的地方！……"等等。丁玲和刘白羽也讲了一些，具体什么内容我也记不得了，记得丁玲当时说："我们共产党的朋友很多，萧军这个朋友，是九牛之一毛！"厉害不厉害？！（众笑）最后，吴老讲了几句话，他说："我们一定有好些个方式方法不对头，才使得我们的朋友萧军同志冒这么大火，我们自己应该检讨检讨……"这话我听着还心平气和嘛！（众大笑）我说："吴老的讲话，我还心平气和。这样吧，我也检讨检讨，百分之九十九都是我错，行不行？那么那百分之一点你们想一想，是不是都对头呢？"这时，丁玲就起来讲了："那一点很重要，他百分之九十九都……"我说："我百分之九十九都承认了，你们一点都不承认?！我这根牛毛哇，也别长在你九牛身上，你尽管有朋友，朋友满天下，我到延安来没有带别的，就是一颗脑袋，一角五分钱就解决了（指买一颗枪子儿就可以完结生命），怎么都行！咱们从此就拉——蛋——倒！"（众笑）我把袖子一甩，就走出了会场。本来，这场争论已经接近于解决了，因为丁玲这么一句话，就没能解决。是不是因为她当大会主席我们才有矛盾？那倒不是，当主席是她的工作职责，私人关系是私人关系，是无所谓的。陈学昭讲："我比萧军大几岁，我是他的大姐姐！"她说她是我的大姐姐。（众笑）"萧军说他是鲁迅的学生，究竟鲁迅承不承认他是自己的学生，我也不知道！"这句话给我的印象很深，所以我至今记得。陈学昭也是一位女作家。刘白羽说："咱们今天谁都不要走！"我说："咱们谁走谁孱头！"（众笑）论争从下午八点钟一直到午夜两点钟，整整六个多小时！

在——比对陈明先生、萧军本人、萧军夫人王德芬等人对这一事件的各自表述后，我首先想到的是找其他在场目击者进行查证，共四人，其中三位是延安文艺座谈会出席者。

第一位，是时任延安"文抗"支部书记刘白羽。

方式：电话访谈。

时间：2001年11月11日16时05分至16时18分。

电话连线：昆山——北京。

刘白羽回答：

那天大会主席是丁玲。

吴玉章肯定不在会上。

所谓"舌战群儒"，肯定没有到深夜或凌晨。

当时萧军表情不好，发言也不好，口气很冲，所以好多人都批评他，但绝对没有挑灯论战至凌晨，即绝没有如王德芬说的："从晚上八点到深夜两点约六个小时还没有收场。"

那天我没有发言（只提醒大会一个动作，即不到散会，谁也不准退席，因为萧军经常一个人说完拔腿就走），所以也没有王德芬文中说的萧军"和五位党员作家……刘白羽……在讲台上展开了激烈的辩论"这一说，但周扬、柯仲平说了。

关于延安文艺座谈会开幕当天的发言中，萧军"不但要做中国第一，而且也要做世界第一作家"的提法，刘白羽说，胡乔木回忆录都写了，胡乔木确实做了他（萧军）不少工作，找他谈了不少话……后来，毛主席找我（刘白羽）去他那儿谈话，然后回"文抗"传达毛主席的谈话精神，重点是解决萧军"一支笔管两个党"的说法，因此在"文抗"的作家中引发了不少的议论……

第二位，是1942年10月19日大会的见证者（此人是萧军的朋友），于其北京寓所。

方式：面对面，一问一答。

时间：2002年5月19日10时20分至11时15分。

在××证实陈明的说法比较符合1942年10月19日下午延安各界纪念鲁迅逝世六周年大会的史实后，笔者问：有一种说法，说是延安文艺座谈会结束后，整风开始，由于萧军生性……无处可去，独自一人留在"文抗"……

××回答：

座谈会之后，所有的人都分配了。我记得，中组部是一个人一个人谈的，谈完后一个人一个人安排的，因此，也不可能"无处可去"……更不存在不分配，只留下萧军一个人。据我所知，萧军认为自己不是党员，去中央党校三部（知识分子和文艺界人士集中处）不合适，又是整风时期，他要独立自由，不受人管束，所以不想去……事实就是这样，萧军是一个狂放的人……

第三位是曾克，来延安之前就是一位成果显著的女作家，出席了延安文艺座谈会，还随军进军大西南。

方式：电话访谈（我和她还于前一日在人民大会堂新疆厅由延安文艺学会、延安精神研究会组织召开的纪念毛主席延安文艺座谈会召开六十周年的大型座谈会上合影）。

时间：2002年5月21日8时20分至8时35分。

地点：北京。

曾克除证实陈明所述的1942年10月19日中央党校大礼堂纪念鲁迅逝世六周年大会上的实况外，还针对萧军在十九天前延安文艺座谈会开幕式上的发言谈了自己的看法。与刘白羽不同的是，她明确肯定了萧军是鲁迅的学生及《八月的乡村》对左翼文学的积极意义，但也对萧军的一些言行提出批评。

第四位，著名画家，时为"文抗"俱乐部主任，延安文艺座谈会出席者张仃。

方式：由陈明先生转达。

时间：2002年5月22日、2003年2月21日、2005年3月3日，于北京三次谈话涉及。

画家张仃证实：

那天布置会场主席台上的鲁迅像（画在布上）是我画的。我当时坐在主席台的侧角。可以肯定的是，绝没有萧军和王德芬所说的：一人与七人挑灯论战至后半夜两点……应当是下午到傍晚……

我奉行的学术研究原则是：偏听则暗，兼听则明，尊重历史的事实与魂魄。

另一原则，为尊者讳，不为尊者讳。为尊者讳是：绝不拿传主（研究对象）的任何隐私或家长里短做文章。有些涉及是非、历史而又必须要说清楚的问题，即无法绕越的，也只是让传主自己（日记、回忆、访谈等）来说明。能三言两语说清的，绝不多花费一点一滴笔墨。记得是在2002年的某一日，沪上一位专门研究延安文艺的所谓学者，在与我的一次通话交流中，不仅拿所谓的某名人隐私说事，还荒唐地要求我像写类似《俊友》一类的外国小说笔调来写。他的无耻说教遭到我的断然拒绝。我告诉他,我看重萧军的民族气节和他与鲁迅之间的关系,我不想,也绝不会在你所说的"男女关系"上做什么文章,更不会像某些小说渲染的那样来杜撰下流与丑恶,这是我为人为文的信条。从那时起,我彻底断绝了与他的往来。不为尊者讳是:坚持实事求是,既要肯定研究对象的长处特别是民族气节,也要指出研究对象身上存在的弱点和问题。有一份材料说一分话,没有材料不说话。以往学术研究中由于这样或那样的局限产生的偏差或问题,一经有人指出或发现,经新一轮调查考证后予以迅速纠正,绝不自我姑息。也舍得下脸面向不慎伤害的另一方赔礼道歉。

在多年的文学创作生涯和学术研究中,我十分感谢陈明先生二十年如一日对我无微不至的关爱、帮助、批评,尤其是当1994年1月台湾某日报刊载两个版的篇幅文章,对鲁迅,对鲁迅学生萧红、萧军,对左翼作家端木蕻良、骆宾基等人进行诬指、攻讦时,在我撰文反击四处碰壁之际,正是陈明先生伸出提携之手,将我为萧军、萧红等人辩诬的反击文章推荐给《文艺报》。从中也可以看出陈明先生对萧军等人的一腔真情所在。

教导我实事求是从事左翼文学研究事业的,还有近几年中故去的两位20世纪30年代左翼作家,他们是著名诗人、文艺理论家蒋锡金先生,胡风夫人、左联成员、著名儿童文学作家梅志先生,他们两位也是萧红、萧军共同生活年代的历史见证人。蒋锡金先生还曾经为一度穷困潦倒的萧红提供最大程度的帮助和关爱。他们,以及其他多位前辈不止一次教诲我:即使是你最为信得过的人同你口述的话,在一些重大历史事件上,凡能够考证的也都要进行考证,特别是向健在的其他当事人进行核实,这是一项必要的工作。这样做,无论是对传主,还是对作者,尤其是对后人,都是一种高度负责任的行为。几年来,我恪守这一条为文准则,今后也将如此去实践。

附录二

一个现场亲历者的辨正

陈　明

在艾克恩同志编纂、1987年1月出版的《延安文艺运动纪盛》第400页上，刊载了1942年延安各界纪念鲁迅逝世六周年大会的概况：

> 十月十八日："……中央大礼堂外面贴着鲁迅遗言：'我解剖自己并不比解剖别人留情面。''由于事实的教训，明白了唯有新兴的无产阶级，才有将来。'会议主席团为丁玲、周扬、萧三、塞克等组成。丁玲讲完开会意义后，吴玉章以思想革命家、社会革命家、文学革命家、文字革命家四点作为正确估价鲁迅先生的言辞。他说：'鲁迅先生是中国文化界的旗帜，我们要完成鲁迅先生的一切事业。'"

1987年五一节，王德芬同志发表长文《萧军在延安》（陕西人民教育出版社1992年8月出版的"五·二三丛书"《延安作家》第399页至404页），文中也提到鲁迅逝世六周年纪念大会，她写道：

> 十月十八日下午，在近两千人参加的鲁迅逝世六周年纪念大会……坐在台上的五名党内作家丁玲、周扬、柯仲平、李伯钊、刘白羽，还有两位党外作家陈学昭和艾青……萧军在台上"舌战群儒"……从晚上八点直到深夜两点约六个小时还没收场……

以上两段文字，都记叙了1942年延安举行的鲁迅逝世六周年纪念大会，会议的日期都是10月18日，但是会议的主要内容不尽相同。艾文记载着吴（玉章）老为纪念鲁迅所做的报告和徐老（特立）、萧三有关的发言。而且两次会议主席台上的人员不一样，会议进行的时间长短也不一样。是不是他们说的是两次不同的会，而把日期弄错啦？

现在我把亲身经历的1942年鲁迅逝世六周年纪念大会的有关情况写出来，供史学研究者参考，同时也就正于艾克恩、王德芬两同志。

我参加的1942年纪念鲁迅逝世六周年的大会是在中央党校大礼堂举行的。日期是不是10月18日，我记不准，有待考证。

这个会没有发文字通知，也没有发入场券。那是一天的午后，大约一两点钟光景，吃过午饭，便有很多人从蓝家坪"文抗"中央研究院向中央党校礼堂奔去。因为在那段日子里，中央研究院刚开过批判王实味的会，萧军同志对这次会有不同的看法，曾向党中央提交过一份"备忘录"。现在开会纪念鲁迅先生的忌辰，估计萧军会在会上发言。他将说些什么呢？很多人想听个究竟，所以赴会的人很多，真是济济一堂。党校礼堂的座凳全是长木板钉起固定在地上，面向舞台，分左、中、右三部分，我当时在后面当中，和几个人一起，站在木板上。

吴玉章同志没有在场，大会是丁玲主持的。主席台上有李伯钊、柯仲平，还有几个别的什么人；刘白羽同志参加了这次大会，但没有上主席台。

会议开始不久，萧军发言，是不是念了他的"备忘录"，我记不清了，但在发言中他说了一句令人惊愕的话，他说："我这一支笔要管两个党！"这话我至今难忘。这话当场引起激烈的争论。他发言后，刘白羽站在台下左侧通道，面向主席台，举着右臂喊道："主席，我有临时动议：今天的会，如果主席没有宣布散会，不准有人退席!"（萧军当日日记记载有会场中有人要求他"不许走"的话，印证了此事——秋石注）会场上发出一片掌声，同意这个动议。在掌声中，我注意到怀抱孩子坐在右侧第一排木板上的王德芬同志，她的座位离礼堂右侧的出口门很近（萧军当日日记证实了其夫人王德芬也出席这次鲁迅纪念会的事——秋石注）。

这时，会场上有很多人向主席台递条子，要求发言。

丁玲批评了萧军的发言，她说了这样的话：共产党是千军万马，背后还有全国的老百姓，你萧军只是孤家寡人！鲁迅先生对共产党怎么样？他说过，那切切实实，脚踏实地，为中国人民的生存而流血的战斗者，我得引为同志，是自以为光荣的。鲁迅是俯首甘为孺子牛，你作为鲁迅的弟子，你一支笔要管两个党？

在主席台上的柯仲平、李伯钊同志等先后即席发言。他们的发言，谈王实味问题的不多，更多的也是对"一支笔要管两个党"言论的批评。

在会议的整个进程中，吴玉章同志始终都不在场。他没有听到萧军的发言，也不可能有王德芬文章中引用吴老的那一段话："萧军同志是我们共产党的好朋友，我们一定有什么方式、方法不对头的地方，才使得萧军同志发这么大火，大家应当以团结为重，我们有什么不对的地方，应当检讨检讨。"没有吴老的这段话，便不会引起萧军的自我检讨，什么"我先检讨检讨，百分之九十九都是我的错，那百分之一呢？你们想一想是不是都对呢？"（萧军当日日记记录的原话是："百分之九十九错处全在我，只有一分留给你们去考虑。"萧军是带着一肚子火说出这话的，故而丁玲等人不相信他所说此话系发自内心的真诚。然而，在萧军这一日日记中还有"……这全不是共产党员的行径，只有吴玉章讲话还很客观，我赞成了他"的记载。以此看来，吴玉章也在会上。但令笔者深感不解的是，为什么又有这么多现场亲历者都有吴玉章不在当日会场的指证？究竟谁的说辞更贴近历史现场，姑且存疑——秋石注）我想，在这个会场上，萧军如果真有这样的检讨，或者是百分之一的检讨，就绝不至于在会场上引起激烈的争辩。在延安时期，萧军是不是在别的会议上，别的场合，说过类似检讨的话，或写过这样的文章，我不知道，也没有听说过。

这次会从下午开到傍晚，并不像王德芬的文中所说，"从晚上八点直到深夜两点约六个小时还没收场"。因为那时党校礼堂没有电灯。如果"挑灯夜战"，需要借汽灯，点汽灯，没有事先的准备是办不到的。

散会后，还有一段小插曲：

胡乔木同志参加了这次会，但他没有发言，也没有上主席台。散会时，他和柯仲平、丁玲和我四个人走在最后。柯仲平说了一句："我觉得今天丁玲的发言是不是有点'左'……"他的话没有说完，乔木就打断了他，说："丁玲的话一点也不'左'，倒是你的话有点右。"事隔五十多年，这话还留在耳边，当年同志之间，这样爽快、明朗，有话说在当面的作风，加深了同志之间的了解，增进了同志之间的团结，实在难能可贵。

在党的十一届三中全会以后，我们党纠正了"左"的路线错误，恢复实事求是的科学作风，萧军同志一生的道德文章，都得到党和人民的肯定和赞誉，不论识与不识萧军同志的朋友和读者都为此感到高兴和欣慰，我无意在这篇短文中再去评说个人在历史上的是非功过，我只是对读者、对历史提供一点实情，欢迎指正。

1994年4月28日

附录三

萧军当年本人日记记载

史实，与上述五位前辈的讲述大致相似。

好在萧军在延安的日记，已由其家人对外正式发布：2007年萧军百年诞辰前夕出版的二十卷《萧军文集》中，有三卷日记。早在2006年6月由中国文联出版社出版的《人与人间——萧军回忆录》一书，就附有《在延安（延安日记）》一章。于该书第390—391页，标注为"1942年10月19日 星期一"的日记，萧军写道：

> …………
>
> 接到一个署名杨乐如的共产党员的信，他为了（前一日）纪念会上的事，一夜不能睡眠，他担心我真会和共产党决裂，那样诚挚地劝我，这使我很感动，就把它抄在这里吧，算作一点记忆。
>
> 萧军同志：
>
> 我以一个共产党员的诚挚，对你尽无限希望的忠言：
>
> …………
>
> 同志，我从散会归来，直到半夜也不能合眼，今天上午，我还是精神不宁，我终于被我的阶级热情所迫，冒昧地写上了这封信。
>
> 杨乐如 十月十九日

在同一天的日记中，萧军还记录了如下一件事：

> 晚饭后青年剧院叫薛晓的那孩子来了，他说他同样一夜没能睡好。
>
> …………

可见，如萧军当时在延安的日记记载，并不存在"从晚上八点直到深夜两点约六小时还没有收场"的说法。

萧红与柳亚子

　　1941年秋，萧红在香港病倒后，来探望她的友人还真不少呢，除于毅夫、周鲸文等东北老乡外，还有一些文化名人如茅盾、巴人（王任叔）、杨刚。此外，她还结识了一些很不错的新朋友，其中感情笃厚的当数柳亚子老先生。柳亚子初识萧红时，她刚从玛丽医院回到家中。萧红一见柳亚子先生前来探视，显得异常兴奋，她想坐起来，无奈身体过于虚弱，难以支撑，见此状，柳亚子忙要她躺下说话。萧红躺下后，与柳亚子"握手殷勤，有如夙昔相稔者"。从此，柳亚子"暇辄往诣，每娓娓清谈，不以为累"。在短短一个月的时间里，二人之间建立起了深厚的友谊。

　　初次探访，在柳亚子脑中留下了难忘的一幕，为此，他即兴挥毫赋诗一首赞道：

> 谔谔曹郎①莫万哗！温馨更爱女郎花。
> 文坛驰骋联双璧，病榻殷勤伺一茶②。
> 长白山头期杀贼，黑龙江畔漫思家。
> 云扬风起非无日，玉体还应惜鬓华。

　　十多天后，柳亚子带着一朵盛开的菊花来到萧红病榻前，小屋里

---

① 柳亚子原注：（端木）蕻良原姓。
② 柳亚子原注：月中余再顾，萧红女士于病榻，感其挚爱之情，不能弭忘也。

顿时弥漫起沁人肺腑的清香，萧红见了，兴奋地倚枕坐起，就手将桌上花瓶中已插的花悉数取出，而后接过柳亚子手中沁人肺腑的菊花，珍重地插入瓶中，随之，二人又开始不知疲倦的"娓娓清谈"。柳亚子一高兴，便要萧红为他题诗。面对这位可敬可爱的长者，萧红感慨万分，挥笔题了"天涯孤女有人怜"。题完后，萧红感慨又企盼地对柳亚子说："安得病愈，偕观电影，更就酒楼小饮，则其乐靡穷矣。"

见状，柳亚子一股怜爱之情自心中油然而生，"怆然挥泪"，和诗一首——

> 轻飏炉烟静不哗，胆瓶为我斥群花①。
> 誓求良药三千艾，依旧清淡一饼茶。
> 风雪龙城愁失地，江湖鸥梦尚宜家。
> 天涯孤女休垂涕，珍重春韶冀未华②。

然而，"病愈"尚在企盼中，一场对于萧红来说不啻灭顶之灾的大难临头了。

1941年12月7日，日寇偷袭珍珠港，次日，美英正式宣布对日作战，太平洋战争爆发，九龙也一下子陷入日寇疯狂的炮击之中。一向喜图清静的萧红心中充满了恐惧。她让端木蕻良打电话请柳亚子先生来，似乎有一位值得信赖的长者在身旁，她也就安心了许多。"招之即来"的柳亚子一踏进门，就关切地问："你好一些吗？"

萧红一把抓住他的手，瞪着惊恐的双眼说："我害怕！"

"你怕什么呢？"柳亚子安慰道，"不要怕。"

萧红断断续续地说："我怕……我就要死。"

既是安慰，又是表明心迹，柳亚子正色道："这时候谁敢说能活

---

① 柳亚子原注：余以丛菊贻君，君尽斥瓶中凡卉以供。
② 柳亚子原注：君赋诗赠余得"天涯孤女有人怜"之句，怆然挥泪，遂不复作。

下去呢？这正是发扬民族正气的时候，谁都要死，人总是要死的，为了要发扬我们民族的浩然正气，这时候就要把死看得很平常……"

柳亚子离开萧红家后，心中一直忐忑不安，直到他得知萧红已迁往较为安全的住所，一颗悬着的心才慢慢地放了下来。此后，只要有便利的机会，萧红便常常在电话中与柳亚子长谈。

1942年1月，中共地下组织弄到一艘木船，将柳亚子、何香凝等爱国民主人士送离已遭日寇铁蹄践踏的香港。离开香港前夜，柳亚子先生从口袋中掏出散发着体温的四百美元交与端木蕻良，以备萧红后续疗病费用及不测之需。要知道，在业已被日寇占领的香港，港币大幅度贬值且禁止在市场流通，这四百美元是多么珍贵的一笔巨款哪！其时，柳亚子先生本人偕女儿柳无垢也正在逃难途中，其夫人郑佩宜因枪伤，同样滞留在充满诸多不测的沦陷后的香港疗伤①，其用钱之

---

① 本文于2012年4月26日首届中华南社学坛举行的首场学术研讨会上宣读后，柳亚子外孙柳光辽教授（柳亚子女儿柳无垢之子，1937年9月18日出生，原南京理工大学教授）提出质疑。柳教授认为，作为历史见证人（香港大撤退时，为四岁三个月），他是跟着母亲柳无垢，与外公柳亚子、外婆郑佩宜一同自香港撤至内地的，因而外婆郑佩宜既没有因流弹受伤，自然也就没有了滞港半年养伤的说法。然经笔者再次查阅史料，包括当时指挥滞港国民主人士撤离香港的地下党负责人，以及民主人士撰写的回忆文字资料，均认为柳夫人郑佩宜当年确实遭遇流弹致伤，在香港养伤半年痊愈后，仍由地下党安排专人帮助撤退至内地抵桂林，与等候在那里的柳亚子先生及女儿柳无垢相聚。

上述，系2011年4月27日柳光辽先生于周庄水之韵饭店对昆山另一位学者的亲述。在此说明一点，笔者因腿伤行动不便，于发言当晚即回了昆山家中。次日一早，笔者发短信给柳光辽先生，请求诠释清楚其外婆郑佩宜为什么会在相隔半年左右才会与夫君柳亚子会合的个中缘由。他始终不予回信——直至次日回宁也无一字回复，故而，笔者委托尚在会场的昆山学者代为面询。

直到5月4日左右，柳光辽先生自南京寓所致电笔者，电话内容除又一次强调其外婆没有遭受流弹伤外，还说他有其舅舅所撰《柳无忌年谱》为证，并说外公柳亚子比外婆郑佩宜只是早到桂林二十天（注：柳亚子夫妇先后逃离香港时，其子柳无忌在重庆）。5月14日柳光辽先生致信笔者，内附《柳无忌年谱》第68—69页复印件一份，并在复印件左侧空白处说明道："……此页复印自《柳无忌年谱》，叶雪芬编。社会科学文献出版社（1992年）。此年谱曾经柳无忌本人审阅，当无误。柳光辽2012.5.14。"（转下页）

急迫之多，可想而知。由此足可以见著柳亚子老先生对"萧红女弟"的一腔热忱与慈爱挚情。

这年4月，柳亚子在广东曲江获知萧红去世的不幸消息后"犹弗忍置信"，极为沉痛地写下《记萧红女士》一文，追忆与"萧红女

"1月15日，柳亚子在外甥徐文烈和中共东江纵队护送下，挈无垢香港脱险。乘帆船历七昼夜辗转到达海丰县之马贡（中共游击队根据地）。得中共地下党的照料、保护，于4月至兴宁。经老隆、曲江、衡阳，最后于6月7日与无垢同抵桂林。6月27日，郑佩宜夫人偕光辽与用人阿美，由赈济委员会派人从香港护送脱险，经惠阳、淡水、龙川、曲江，迤逦至桂林。"

从《柳无忌年谱》的上述记载，我们可以清晰地得出一个结论：柳亚子先生与夫人郑佩宜，确非一同逃离已遭日寇占领的香港。柳亚子本人自1942年1月15日偕女"无垢香港脱险。乘帆船历七昼夜辗转到达海丰县之马贡（中共游击队根据地）"，这一日为1942年1月22日，恰为其牵肠挂肚的"萧红女弟"告别人世之日。而后，在马贡休养三个月左右又移至兴宁，最终于6月7日抵达桂林。因故（枪伤）滞港多月后的柳夫人郑佩宜，借用人阿美与年不足五岁的外孙柳光辽，自香港脱险，辗转数地，于6月27日抵达桂林，与先期抵达的柳亚子会合。两人非但逃离香港日期不同，而且脱险跋涉路线及所经各处也有所不同。《柳无忌年谱》并没有说明其母郑佩宜当初为什么不与父亲柳亚子同时撤离香港，更重要的是，柳无忌本人并非系滞港或撤离香港的亲历者，姑且存疑。

除笔者前文指出的中共地下党负责人、民主进步人士的回忆外，笔者还有一例当事人的亲述为证。2001年9月初，笔者应邀赴哈尔滨出席萧红九十华诞纪念活动时途经北京，于居住在木樨地的一位左联女盟友处，谈起其熟识的萧红当年在香港的一些情况，及于三十一岁年纪轻轻不幸病逝时，年届八十六岁的她告诉笔者：当年日寇占领香港后，一时没法撤离香港的人员中，还有受枪伤的柳亚子夫人呢！"听说她是在相隔好长时间后才由地下党另行安排人护送撤离的。"向笔者讲述这一情况的左联女盟友，名叫梅志，当年是与丈夫胡风先生一起撤离香港的文艺界进步人士。相关资料表明，1942年1月间，所有经由中共地下党安排、护送撤离香港的各界进步人士，凡系夫妇的，均一同安排撤离。行动不便者，则另行设法——因途中风险甚多，且需翻山越岭长途跋涉。笔者认为，受枪伤需调养的柳夫人郑佩宜也好，四岁多一点的柳光辽也好，都系行动不便之人，而未来逃离香港时这一老一少搭伴，且加一女佣，也不失为一个很好的掩护组合。

行文至此，笔者格外强调的一点是，笔者于拙文《萧红与柳亚子》中的表述，是严格执行了多方考证、对比，兼听则明这一学术原则的。

立此存照。

弟"的交往，痛心地向世人疾呼："以女士之掀天之意气，盖世之才华，而疾病困之，忧患中之，致令奄然长往，一瞑不视，宁非人世之大哀欤！"

同年6月初，柳亚子先生抵达广西桂林。在这里，他遇到端木蕻良，详细地询问了萧红病逝的经过，为她的不幸早逝唏嘘不已。6月27日，柳亚子夫人郑佩宜枪伤愈合，自香港脱险归来，柳亚子欣喜之余心中却又隐隐作痛，因为此时此刻他又想到了萧红，遂又作七绝以悼：

> 杜陵兄妹缘何浅，香岛云山梦已空。
> 公爱私情两愁绝，剩挥热泪哭萧红。

在桂林，为思念萧红，端木蕻良将其事迹写成梨花大鼓词，交由当时名艺人董莲枝传唱。柳亚子闻讯后，勾起他在香港时同端木蕻良、萧红之间的那段忘年友情，遂又作《端木蕻良谱萧红事为梨花大鼓鼓词以授歌女董莲枝索题赋此》——

> 魏武人豪子桓劣，子建风流推第一。
> 江山文藻三千年，又见红楼一支笔。
> 红楼血脉谁贯通，科尔草原生悲风。
> 黄沙大漠无穷际，善感缘情旷代逢。
> 承平非复康乾世，钗黛才华等儿戏。
> 黑龙王气黯然消，钟灵独数婵娟子。
> 婵娟自昔多坎坷，飘零异代宁殊科。
> 慷慨抛家入汉阙，当年意气倾山河。
> 山河可惜非完好，胡骑凭陵渡江早。
> 裙屐联翩访太行，雄冠剑佩称同调。
> 羽书前敌烽烟急，突围夜踏咸阳月。

遗憾桥陵拜未遑，鼎湖长念攀髯烈。
双栖从此又巴渝，滟滪江流入画图。
拥翠山城晨点笔，盘龙镜槛夜施朱。
点笔施朱都不俗，风波亭外风波恶。
海山缥缈岛扶余，柔乡避地差安乐。
辛苦柔乡避地来，无端疾病竟成灾。
娇喘支床羸病骨，明眸忍泪识仙才。
仙才病骨逢君暮，渔阳鼙鼓动惊怖。
鹑首钧天痛昺泰，升旗山上降幡竖。
芦中亡士正艰危，风雨潇湘死别哀。
一代红颜怜下葬，皓躯成骨骨成灰。
成灰成骨恩情重，山阳邻笛桓伊弄。
浅水湾头堕泪碑，七星岩畔相思重。
梨园弟子董娇娆，宛转歌喉唱六朝。
谱就新声传恨事，有人珠泪湿红潮。

柳亚子先生一生赋诗万千，却难得写就这般通俗易懂的长诗，借诗词，他将自己对萧红的深切怀念吟唱得格外淋漓尽致。

1943年5月30日，端午节即将来临，想起已经长眠在香港浅水湾的"萧红女弟"之生日也恰在农历五月初五，刚刚度过五十七岁华诞的柳亚子老先生情不自禁悲自心生，遂又提笔写下短诗《浅水一首·为萧红女弟赋》，以悼念才倾世界却命比纸薄的"萧红女弟"：

九龙穷岛惨难春，浅水湾头火葬辰。
倘抵成灰贞德惨，宁输流血竞雄频。
文章辽海终名世，衣钵稽山老胆薪。
一诀无缘惭负汝，凯旋应许奠江蘋。

1945 年 8 月，日本天皇宣布无条件投降，东北全境光复，兴奋之余，柳亚子先生想起了长眠在香港浅水湾畔的萧红，遂又拈诗一首：

赵璧真归十五城，伤心难遣夜台明。

河山还我天应泣，生死怜渠志未成。

紫玉化烟无寸骨，红军覆土有殊荣。

虬髯一妹荒唐梦，挥泪题诗诉九京。

此后，每去香港，柳亚子总要前往浅水湾凭吊萧红墓，表达他对一代才女"萧红女弟"的无限思念之情。

1947 年 11 月 4 日，六十岁的柳亚子先生偕朱蕴山、翦伯赞、刘遐等人来到浅水湾，但"觅萧红女弟埋骨灰处不获，怅然有作"：

浅水湾头吊落红①，余生无分更相从。

最怜句好诗成谶，难忘愁多病转慵。

玉骨成灰龙汉劫，虬髯卷土大王风。

怒涛砰訇殷雷震，后种前胥倘尔雄。

天涯孤女有人怜②，病榻残诗泪泫然。

周老嘘寒成隔世，骆生断脰又今年。

风幡忍犯花天命，电语长疑意未传。

辛苦红楼成绝笔，咸阳烽燧正烧天③。

迓我朱翁最有情，翦生豪宕更刘生。

---

① 柳亚子原注：六年前岛上旧句。

② 柳亚子原注：萧红病中赠我句。

③ 柳亚子原注：萧红临命以尚有半部红楼未写为憾，盖欲传长征后延京史迹。曰"红楼者"，赤都之隐语，非欲续曹雪芹书也。

湖山啸傲非今日，草昧经营赖小生。
楼阁齐云劳者血，金丝鲁壁故人盟。
驱车赤柱村前路，仙袂迎风意态轻。

自由呼吸已难求，愤语弥深刺骨仇①。
迟饮黄龙轰兽窟，频惊白马葬清流。
眼前山海情堪恋，袖底风云意岂休。
斩鳄屠鲸吾辈事，相期携手奠神州。

距此行相隔十八天后——11月22日，柳亚子复又"偕佩妹暨
（朱）蕴山、（周）鲸文、舒群重游浅水湾。鲸文言萧红埋骨灰处在石
栏中大树下，拟为题名之举，诗以记之：

直向萧红墓上来，参天大木异松槐。
埋香抔土瓷瓶好，劫火卢鸦②玉骨灰。
椽笔题名怜后死，女权新史几人才。
汉皋解佩年时事，倘遣曹生有怨哀。

重与驱车揽胜来，风流人物属吾侪。
周郎顾盼饶英气，老子婆娑遣壮怀。
一妹虬髯终古恨③，冬花春卉并时开。
小乔自美鸿妻健，更喜朱家䮷乘才。

---

① 柳亚子原注：翦伯赞语。

② 柳亚子原注：法兰西女杰贞德受火刑也。

③ 柳亚子原注：萧红原名迺莹，与张应春（张应春为吴江人，南社社员张
农之女，曾任国民党江苏省党部妇女部长。蒋介石发动四一二大屠杀时在南京英
勇就义）同姓。

自古以来，白发人送黑发人，哀悼之痛楚，情感之深挚，固为常见，但为一名交往时间甚为短暂之故友且是年轻女性，竟然数年赋诗八首之多，甭说文坛了，连世上也实为罕见，可见柳亚子先生同萧红之间的这段忘年交确系人间非凡。

　　笔者以为，柳亚子先生之所以对萧红关怀备至，且在萧红不幸病逝后，依然以如此炽烈情感怀念，不仅仅因为他对有"掀天之意气，盖世之才华"的"萧红女弟"的百般怜惜，更深一层的原因在于两人之间的关系，是建立在鲁迅的基础上的。在反抗日寇的侵略，以及国民党蒋介石独裁政府施行的暴政和对进步文化的"围剿"上，柳亚子与鲁迅是并肩作战的战友。从某种意义上来说，如若没有鲁迅先生的精心呵护与扶持，便没有萧红耀眼的文学成就，她受鲁迅的影响很深，尽管萧红有与众不同的文学写作手法和艺术成就。因此，可以这么认为，柳亚子先生对萧红的关爱，与鲁迅是属于同一性质的。

萧红与冰心

冰心、萧红，二人都是20世纪中国文坛上出类拔萃的女性作家，其作品都以细腻的散文特质见长。前者是一位文学大师，始终保持着自己独立的人格及创作风格，向人类展现爱，向少年儿童展现启迪人性的母爱；后者则以因散文笔调著称的中短篇小说闻名文坛，成为一代别具风格的经典作家。两人的作品与其个人的影响力都走出了国门，直到21世纪的今天，依然为中外读者所喜爱。

遗憾的是，两人从来没有会过面，否则将是中国现代文学史上一段耐人寻味的文坛佳缘：面对时时刻刻需要抚爱的萧红，冰心先生那博大的母爱情怀，无疑将是一剂治愈萧红心病的良药。

鲁迅的评价与冰心的独立意识

在文坛，在中国，最早同时提及冰心与萧红的，不是别人，正是鲁迅。鲁迅是这两位素不相识的优秀女作家的穿线人。

还是在鲁迅逝世五个月前的1936年5月，鲁迅先生在其大陆新村的寓所里会见了负有重大历史使命——即将赴陕北苏区采访红军的美国友人埃德加·斯诺。斯诺是忙中插空前来拜访的。斯诺拜访鲁迅的唯一目的，是为了完成其妻海伦·福斯特的一项重托：为即将出版的《活的中国》一书撰写《现代中国文学运动》的长篇论文，就一系列问题面询鲁迅。在这场有关中国新文学运动的谈话中（共有二十三个大问题，其中还包括三十多个小问题），鲁迅四次提及冰心，两次提及萧红——两人各有一次是互相关联的。鲁迅对萧红的关爱与扶持，以及所给予的评价，要胜于冰心。这是因为冰心从来不曾与鲁迅有过近距离接触，她的成长特别是成名，也与鲁迅无关，是完全凭借她的刻苦与天赋完成的，这与萧红的成长与成名有很大的区别。虽然萧红同样有较高的天赋与悟性，但她的成长与成名，是与鲁迅的名字紧密地联系在一起的，这是众所周知的一个事实。这也就是萧红在临终时嘱托最后一任丈夫端木蕻良，她死后，把她的骨灰迁葬在鲁迅墓一旁的原因所在。

鲁迅同时提及有关联的两人名字的这一次，是在回答斯诺夫妇关于当前"最优秀的左翼作家"这个命题时所说的。鲁迅是这样认为的：田军的妻子萧红，是当今中国最有前途的女作家，很可能成为丁玲的后继者，而且，她接替丁玲的时间，要比丁玲接替冰心的时间早得多。

冰心不是左翼作家，从来不是，但萧红是。鲁迅是将萧红列入与茅盾和自己同一行列的。在鲁迅给予萧红这一政治属性明显的称誉四十五年后——1981年，中共中央书记处对中共黑龙江省委关于举办萧红七十周年诞辰纪念活动请示报告批复道：可以给萧红以"三十年代著名左翼女作家"的称号。当然，将萧红置于自己与茅盾的同一行列，鲁迅的这个回答，显然并不仅仅局限于"左翼"这个范畴，而是放在广义的范围——当时中国最优秀的作家和女性作家来加以对待、论述的。

但是，并不是像个别学者阐述的那样，说鲁迅对冰心不够友善，冰心偏离了"五四"方向的轨道，等等。就在这次回答斯诺夫妇提出的第一个大问题第四个小问题"最优秀的诗人是谁"时，鲁迅不但给了其应有的评价，而且还将她与两位大师级的年长者相提并论。鲁迅的回答是：冰心、胡适、郭沫若。

在接下来的第五个大问题中，在回答"活跃在当今文学界的最优秀的作家有谁，他们的地位如何"时，鲁迅再一次提及冰心。尽管鲁迅有点偏执地框定了"最优秀的作家，几乎毫无例外地都是左翼作家"这一基本出发点，但他还是肯定了冰心其人其作品。鲁迅解释说："冰心也不能认为是资产阶级作家。在她的作品中，从来没有文化方面的问题，实际上，她的作品，全是写给孩子们看的。她无意使她的作品带上某种倾向或目的。她的作品，全是供青少年消遣的无害读物。"

在海伦·福斯特提出的第十一大问题所列当时文坛各派的名单中，鲁迅将海伦开列的"归隐派"（鲁迅在此将"归隐派"改为"结束派"）七人名单中，剔除了其胞弟周作人的名字，仍将冰心与当时驰名文坛的落华生（许地山）、庐隐、俞平伯、钱玄同、胡适等五人并列。

以上就是鲁迅对冰心友善、器重的真实评价。

在这里，笔者必须指出的是，无论是被海伦·福斯特界定的"归隐派"，还是被鲁迅改称的"结束派"，此类提法都既不科学也不正确，自然也不符合当时实际和这些人以后的发展轨迹，以及他们对中国社会、中国文坛的贡献与影响力，包括在海外所享有的声誉和地位。

在回答斯诺夫妇的这个提问时，鲁迅是将冰心、丁玲、萧红三位女作家加以比较后，说出这番话的。笔者认为，虽说鲁迅都给予了三人以应有的文坛地位，不过，鲁迅的这个比喻存在一些问题，乃至有些不可比。说到冰心与萧红，她们都具有独立的人格、独立的创作风格，她们是很难为政党、政治所左右的，而且二人都没有过多介入政治的愿望。冰心与宋美龄之间关系不错，她们不仅是美国威尔斯利女子大学前后期的校友，而且还一度在抗战陪都重庆的一个机构共事过，冰心是宋美龄任委员长的妇女指导委员会的文教组组长。当然，冰心任文教组组长的主意正是宋美龄提出的。两人之间的这种合作并没有持续多长时间，随着国民党发动的皖南事变惨剧的发生，冰心有感于国民党的残暴和破坏抗战剪除异己的恶行，便辞去了这个职位。国民党政权在大陆垮台之后，作为该政权驻日本外交机构的代表吴文藻与夫人冰心，最终选择回归新中国。1951年回国后，冰心备受中共领导人特别是周恩来总理的重视与关怀，但这并不妨碍她依旧保持自己的独立人格以及不过多地卷入政治。

萧红是厌倦政治的，而且处处、事事、时时都想远离政治（反抗日寇侵略中国这一显示民族气节的立场，不在此"政治"内）。1938年夏日在武汉发生的两次争论，再明显不过地印证了萧红这个远离政治的态度。一次是来自延安的哈尔滨时期老友、被萧红视为兄长的高原批评她与萧军的分手"太轻率，不注意政治影响，不考虑后果，犯了不可挽回的严重错误"时，萧红气鼓鼓地回敬了一句"你从延安回来了，学会了几句政治术语就训人"（1997年10月8日，高原先生在其居住的南京虎踞路寓所对笔者的当面回答）。同样是在武汉，面对自哈尔滨到青岛、数度于危难之际救援过她的老友、共产党人舒群一次复一次地劝导她去延安的说辞（还有丁玲等人），萧红总是予以拒绝，且不留余地。及至有一次，为争论这个问题二人吵了整整一夜。萧红不容置疑地告诉对方，她的态度是一向愿意做一个无党无派的民主人士，还说她对政治斗争十分外行，在党派斗争的问题上，她总是同情失败的弱者，她一生始终不渝地崇拜的政治家只有一个人，那就是孙中山先生，因此，她不想也不愿去延安。听到她这样斩钉截铁的回答，舒群从此放弃了说服她去延安的念头。笔者认为，萧红之所以崇拜孙中山，是因为孙中山提倡的大同与民主的思想，正是萧红所需要的平民意识。

对于政治，冰心与萧红的态度是有所区别的。冰心会采取抗争，决不屈服，这是有事实为证的。值得一提的是，在1957年的非常政治气候中，冰心有三个至亲被划为"右派"。他们分别是：新中国高校社会学创始人之一、冰心的丈夫吴文藻教授；从清华大学毕业不久、任职于一机部系统的冰心二十六岁长子吴平；时任上海航道局工程师的冰心三弟谢为楫。1958年开全国人代会时，由福建省选出的人大代表冰心，遭到团里一些代表的围攻，指责她没有和"大右派"丈夫吴文藻教授划清界限。冰心听了十分生气，气鼓鼓地跑去对周总理说："如果吴文藻是100分的反党，我起码是50分，我和他没法划清界限，我也帮不了他！"说实话，对于三个与自己最亲密的人被无辜地打成"右派"，这对冰心来讲，是根本无法接受的。于是，她就采取了抗争的办法：不承认！大不了自己也当一回"右派"！其实，不仅仅是吴文藻有什么"右派"言论，冰心自己的言论也十分"出格"，若非周总理鼎力保护，说不准早在丈夫之前，冰心就被纳入了"右派"行列呢！而且，她的出格言论是直接针对中央的肃反政策的。

1957年，新华社的《内部参考》刊登了一篇当时《人民日报》记者林钢对冰心的访问记。林钢写道：

> 冰心对肃反有很大的意见："我有些朋友，在敌伪时期，蒋介石统治时期，坐过牢，受过苦刑，从敌人的狱门出来，他们的腰板更硬了。肃反运动中，他们无辜地挨了整。这一回却像是抽掉了脊梁骨似的，成了软体动物，再也直不起腰来了。学生们斗争他，朋友们见了不理他。最残酷的是，又要他活着，要他教课。不应该那么做，这太过火了。许多做法是违反宪法的。有些人自杀了。这不是平常的损失，没有人可以代替他们的工作。这种做法不合中国传统。国家丧失了元气，学术方面倒退了好几年。"

她对报纸也提了意见："党号召我们谦虚，要独立思考。报纸却教育人民夜郎自大。国内报道，报喜不报忧；报道资本主义国家，报忧不报喜。兼听则明，偏听则暗，这没有什么好处。人民不知道独立思考，没有材料独立思考。"

读着《人民日报》记者写的这则"内参"，你说冰心的这番话出格不出格？笔者的感受是：远比其丈夫吴文藻及其两位高徒潘光旦、费孝通"鸣放"的言论，要出格得多。仅就她为丈夫翻案，就足以划她为"右派"了——当时，有许多人因为无法，也不愿意与爱人划清界限，就被打成了"右派"，更何况冰心也太"胆大妄为"了，竟敢为已经被定性为"反革命"或有"反革命"嫌疑的那些同僚鸣冤叫屈。

冰心的性格、冰心的态度、冰心的立场就是如此，她不想过多地介入政治，只想安安静静地生活，安安心心地写作，当一名大爱无疆、母爱无疆的作家。但是，冰心也不惧怕政治。当政治运动出现偏差的时候，冰心不但泰然处之，而且还勇敢地面对面地迎上去，与之理论、与之掰扯、与之斗争，哪怕是粉身碎骨，大有"我不入地狱，谁入地狱"的清风傲骨。

与冰心相同而又迥异的是，萧红尽管她不喜欢政治和政治斗争，并且一直做着远离政治、寻求世外桃源般生活的努力，然而，一旦遇到逆境，她的态度是本能地躲避（她也曾做过抗争，但抗争的力度微乎其微，逃避是她的本能选择）。抗争不了，于是采取"惹不起"但是"躲得起"的策略，或保持沉默，以罢笔相抗，或来个逃避，走为上策。当年她既不愿继续留在西安的丁玲任主任的八路军西北战地服务团，也不愿意去延安，而是选择了回武汉。因此，她总是不能安身立命，总是处在一种不停地迁徙的状态中。到香港后写给留在重庆唯一能说心里话的哈尔滨时期女友白朗的信中写道：

　　不知为什么，莉（白朗本名刘莉），我的心情永久是如此的忧郁，这里的一切景物是多么恬静和优美，有山，有树，有漫山漫野的鲜花和婉声的鸟语，更有澎湃泛白的浪潮，面对着碧澄的海水，常会使人神醉的。这一切不都正是我往日所梦想的写作的佳境吗？然而呵，如今我只看到寂窠！在这里我没有交往，因为没有推心置腹的朋友，因此，常常使我想到你。莉，我将尽可能在冬天回去……

瞧，身边有同床共眠的丈夫端木蕻良，有刚下飞机就为他们安排的不用花钱即能居住的山间别墅，以及戴望舒、穆丽娟夫妇和众多知名作家朋友，可她仍然"只看到寂寞"，感觉"没有推心置腹的朋友"。

这，就是远离了（重庆）政治和政治斗争，来到鸟语花香、蓝天碧海的香港的萧红的心态。所以，同样对政治不感兴趣的冰心与萧红，对待现实是存在巨大的反差的。

冰心与萧红：人间真爱的传道者

论及冰心与萧红的共同点，笔者认为可以用一个字来加以概括，叫作：爱。诚如王炳根先生所论述的那样（见《王炳根说冰心》一书第三讲《新文化运动中的〈繁星〉和〈春水〉》第二节《〈繁星〉〈春水〉对"爱的哲学"的贡献》）：

> 下面讲《繁星》和《春水》对"爱的哲学"的贡献。最早从冰心作品中概括出爱的哲学的是阿英，时间为1931年，在《中国现代女作家》中，他有一篇长文叫《谢冰心》。他这样说："她出发于'宇宙的爱'与'母性的爱'的观点，去理解社会的一切，她觉得人间所以隔膜，社会所以造成种种的罪恶，是完全由于彼此的不相爱。她觉得，只要人类相爱，则理想的光明时代自会到来。"阿英概括冰心的观念说："所以她极力地提倡她的'爱的哲学'。"阿英把"爱的哲学"概括为：母亲的爱、伟大的海、童年的回忆。就是我

们后来常常说的"爱的哲学"三个组成部分：童心、母爱与大自然。

爱、母爱、大爱，贯穿冰心其人其作品的一生。近一个世纪以来，冰心展示给世人最多最美好的形象，就是爱的化身，一个近乎完美的符合中华民族传统的母亲形象，以及晚年一个慈祥、和蔼、睿智，却又童心未泯的老奶奶形象。对此，笔者不多赘述，因为几十年来有许许多多的学者、专家、冰心作品爱好者，做了很多很好的论证。我要说的是，比对冰心，萧红对爱的理解，爱的推崇，作品中广而散之的爱，同样值得论证，值得歌颂。从其在哈尔滨遭解救获得新生后撰写的第一个文学作品，短篇小说《王阿嫂的死》，到其最为经典为中外读者称颂的中篇小说《呼兰河传》，萧红推崇的爱和对基层劳苦大众赋予的同情、理解，与试图改变他们贫穷地位的描写，可以说是贯穿始终的。在这里，我同样不想过多地对她作品中的人物进行论证，因为无论是研究了三十三年萧红，并与其十多位生前好友做过面对面叙谈印证的笔者，还是众多中外学术同行，几十年间描写得够多够多了。我这里只想举两个事例来加以说明。

第一个例子是在流亡青岛时期。面对他们住处的穷邻居遭房东驱逐，那个卖肉包子的穷苦人所住的凉亭被拆毁建造新的房子的时候，萧红向萧军提议：是不是可以让失去了住处的他们搬到自己的厨房里去住。萧军听后笑着搪塞道：楼上不是有空房子吗？他们信"主"，该博爱呀！还说，如果楼上的女人这样做，她的灵魂就得救了。一听这话，萧红抖动着嘴唇说道："我等你回来，以为你可以想个办法。他们用破麻袋、破板在外边搭棚子，天又不好，下上几天雨，他们能不生病吗？你老是和我扯闲话。"沉默了一会儿后，萧红说："人真是没有怜悯和慈悲的动物……谁都是一样。"然而，萧军仍然有他的说法，他尖刻地说："我不是'耶酥'，也不是'佛'；那些圣徒该履行'主的教训'哪！"最终，在萧红的一再坚持下，萧军完成了萧红向穷

106

人施善的心愿。毕竟萧军也是从底层的劳苦大众中走出来的人。

萧红向善的博爱之心，一直延续到她生命的最后一刻，这是笔者要论述的有关萧红施人间以大爱的第二个例子。1942年1月中旬的一天黄昏时分，在业已遭日寇占领的香港的一间病房里，从喉头错误手术的痛苦中暂时安宁下来的萧红，倚靠在活动病床上，同陪护在旁的最后一任丈夫端木蕻良，以及出于侠义心肠主动留下来看护萧红的东北青年进步作家骆宾基说着心里话。萧红说道：

> 人类的精神只有两种，一种是向上的发展，追求他的最高峰；一种是向下的，卑劣和自私……作家在世界上追求什么呢？若是没有大的善良，大的慷慨，譬如说，端木，我说这话你听着，若是你在街上碰见一个孤苦无依的讨饭的，袋里若是还有多余的铜板，就掷给他两个，不要想给他又有什么用呢？他向你伸手了，就给他，你不要管有用没有用，你管他有用没有用做什么？凡事对自己并不受多大损失，对人若有些好处的就该去做。我们的生活不是这世界上的获得者，我们要给予。

说完上述这段话后不及一个星期，在硝烟尚未退尽、已遭日寇铁蹄践踏的香港，于贫病与惊恐中，萧红走完了她年仅三十一岁的人生之旅。

冰心与萧红，都是20世纪人间真爱的传道者，从精神到实际的。因此，她们的作品是永存的，影响是经久不息的。

冰心的拥有与萧红的悲剧

论及冰心与萧红最大的不同点，笔者以为，在于冰心的一生幸福指数相对要高，而萧红虽然只活了三十一岁，已经经历了三任丈夫（亦即三次婚姻），而且，后两个丈夫，同她一样都是作家，都是20世纪中国文坛领有一席之地的名作家。遗憾的是，萧红的幸福指数委实太低太低了。

笔者以为，冰心与萧红二人幸福指数的明显差异，缘于各人恋爱观、婚姻观与家庭责任感的不同认知。

对冰心先生与吴文藻教授从相识、相知，到相恋，到组成幸福美满家庭，相濡以沫终老，已经有不少专家学者依据史料做了很多感人且极富意义的论述。其中有冰心研究会会长、冰心研究馆馆长王炳根先生所著的演讲录《王炳根说冰心》（2011年12月，海峡文艺出版社出版）；有同是著名儿童文学作家的前辈作家葛翠琳先生依据在新中国成立初那几年中，与冰心吴文藻夫妇近距离交往、叙谈掌握的第一手资料（葛翠琳《与冰心月下漫谈》，见2011年8月海峡文艺出版社出版的《冰心论集·五》第242—244页）；等等。不过，今天我在这里引用的是著名作家刘心武先生所著《人生有信》（2012年3月，江苏人民出版社出版）中录下的一段话。刘心武先生这样记录了20世纪90年代初在冰心家中，冰心同他讲述的富有人生哲理和现实意义的一段话的梗概：

> 记得有一回她非常详尽地问到我妻子和儿子的状态，我告诉她以后，她甚表欣慰。她告诉我，只要家庭这个小空间没有乱方寸，家人间的相濡以沫，是让人得以渡过难关的最强有力的支撑，有的人到头来挨不过，就是因为连这个空间也崩溃了。

冰心先生告诉刘心武的这段话，富有哲理，具有醒世作用。冰心口中这个"没有乱方寸"的"小空间"，正是冰心先生与丈夫吴文藻教授精心经营了一生的20世纪中国家庭的最佳组合。几十年间，在她和他的共同生活中，虽说很少有贫穷的日子留驻，但是他们一直相敬如宾，相濡以沫，携手经历了饱经战火外患内乱的数千个日夜；又经历了诸如风狂雨骤的1957年反右，以及骇人听闻的十年浩劫，但她和他，两人之间的感情一直没有变，相反，凝练得更加醇厚，任何外力的作用，都无法使之稀释、变异，直至最终形成一个令世人赞美始终"没有乱方寸"的"小空间"。

萧红前后经历了三任丈夫。萧红的第一次婚姻，是由其父承诺下的有着显赫背景属于高攀的一门婚事。二人也曾经真诚地交往了一段时间。订婚后在哈尔滨上中学期间，她还为这个王姓未婚夫编织过毛衣呢！但在后续的交往中，萧红发现未婚夫有抽大烟的恶习，于是便渐渐加以疏远，最终以逃婚相抗。萧红以逃婚相抗的做法，在当时的社会里是一个正确的选择。但是我们看到，此时已是二十一岁大姑娘的萧红，却不能，也不想做一个自食其力的人。她的逃婚，是建立在旁人（多数是穷苦学生）资助的基础上的。一旦失去这个基础，逃婚也就失去了支撑点。她的心气又高，尽管从懂事起，她就站在生活底层的劳苦大众（其中，也有同她一般年龄，乃至比她还小的女性）一边，亦屡屡为她们的不幸遭遇鼓与呼。可是，对于她自己来说，一旦落入与劳苦大众为伍的底层命运时，却又不想自己谋生来改变这种境地，将逃婚进行到底……于是，当家中彻底断绝了经济往来，而别处又无法给她帮助之后，她逃婚的抗争也就付之东流；当又一波寒冷与饥饿，向她这个既无法自食其力又无住处，流落在冰天雪地哈尔滨街头的年轻姑娘袭来时，她不得不放弃抗争而选择了投降。投降的目标，正是她当初因之百般逃婚的纨绔子弟。她虽然并不爱他，乃至鄙夷他，但现在，他却可以为她解决温饱……在这之后，在与这个纨绔子弟旅馆同居的大半年中，同大多数女子一样，萧红也是不能免俗，与未婚夫也就是当时的丈夫一起坐吃山空，花光了其富有家庭给予的很大一笔钱款。在明知道丈夫是靠着其父声威赊欠旅馆食宿费度日的情况下，萧红照样安于现状，从来不曾想过是否要离开并不能够给自己带来幸福及后半生依靠的这个男人，也没有想过是否因此出去找一份工作聊以谋生，然后再图实现自己心中既定的目标。她愣是什么也不想，听天由命地……于是，悲剧就这样形成了：她被抛弃了，并且被作为旅馆老板索要欠款的人质……

她的第二任丈夫名叫萧军，是一个敢于在危世乱离时刻独立船头铁肩担道义的硬汉子。在萧红的新生中，萧军的作用不小。倘若没有萧军不嫌她怀着别人的孩子与之结为夫妻；倘若没有萧军以其坚挺的辽西汉子肩膀，给予产后虚弱的她以必要的温饱生活，并带领她逃离荆天棘地的伪满洲国，直至最终来到鲁迅身边，我们很难想象，萧红的未来是一个什么样的状态。正是萧军一而再，再而三地与鲁迅联系，才会有她、他双双成为鲁迅学生和著名抗日左翼作家的荣耀。他们一度成为各种流派云集的上海文坛相当抢眼的双子星座。

在1932年松花江水暴涨的那个夏季，当萧红在旅馆那间黑暗潮湿的储藏室里写信向报界发出呼救时，萧军并不是最早向她伸出援手的人。他还以自己身无分文为由，拒绝加入由《国际协报》文艺副刊主编老斐组织的援救行列。后来出现一个偶然的送书机会，萧军这才重新审视自己是否要加入救援萧红的行列。应当说，本名刘蔚天的萧军，与本名张廼莹的萧红之间的第一次会面，既属意外，也属正常：她和他相互为对方的才华吸引，这是一个不错的基础。次日的第二次会面，却有些荒唐而让人难以理喻：挺着八九个月大肚子的萧红，与再次前来探望她的萧军，在自己蜗居的那间阴暗潮湿的储藏室里，在"不过是两夜十二个钟头间"，把"爱之旅程上"的一切"全作过了"（萧军1932年12月25日著《烛心》，收入1933年10月哈尔滨五画印刷社出版的三郎、悄吟合著的小说散文集《跋涉》，1979年10月1日黑龙江文学艺术研究所按原版制式毛边纸影印五千部，笔者存一册）。

异常神速，但绝非正常、理智的结合，在这背后，存在一个不可预测的变数。诚然，在早期哈尔滨二人的共同生活中，包括在医院生产时，是作为妻子的萧红一生中唯一享受到女性尊严、幸福与呵护的时期。这段时间的萧军，是近乎百分之百地承担起了作为一个丈夫的道义和责任。可以这么说，没有萧军与之结合，便没有萧红后十年的成就与辉煌，尽管她的才华要高于萧军。然而，我们不能不看到，两人的结合过于仓促，没有坚实的基础，主要在于两人对婚姻、家庭认知的差异，而且这个差异委实不小。在跳出险些沦落为风尘女子的火坑后，萧红极需要一个宁静、稳定的生活环境，但是萧军难以给予她，而且当初在萧红栖身的哈尔滨东兴顺旅馆的那间阴暗、潮湿的储藏间里，两人在"全作过了"后貌似甜蜜但却是丧失了理智的对话中，面对萧红希望得到一个比较满意的有关"你对于爱的哲学是怎样呢"回答的问话，萧军却是那样粗鲁而又极不负责任："谈什么哲学——爱便爱，不爱便丢开！"（萧军《烛心》）显然，这并非萧红要的回答，但由于急着要跳出火坑，处于无奈和劣势中的萧红不得不违心地接受了下来。于是，便埋下了同居四年之后必然分手的祸根。

对于萧红提出的这个"爱的哲学"的命题，萧军以自己的理解与实践做出最终的回答。

萧军记于 1937 年 6 月 30 日的日记（《萧军全集》第十八卷），最形象不过地印证了这一点："女人的感情领域是狭小的，更是在吃醋的时候，那是什么也没有了，男人有时还可以爱他的敌人，女人却不能。"

萧红的第三任丈夫，也是一位知名度比较高的现代作家。原名曹京平的端木蕻良，论其才华，论其成果及其作品的艺术魅力，是可以与萧红媲美的，而他在长篇小说创作上的文字驾驭能力和非凡成果，当在萧红之上。在所有与萧红交往的男性朋友中，没有人能够像他那样热烈地赞美萧红。这，很合萧红的胃口，在一定程度上，使萧红得到了前所未有的满足与快乐，从而一下拉近了二人之间的距离。为了反抗萧军的大男子主义，报复萧军对夫妻感情的不忠与背叛，尽管自己也一度瞧不起眼前这位正在苦苦追求自己的男人，最终她还是与他结合了。当然，端木蕻良也是做出了不小的牺牲的。他比萧红小一岁，在这之前，端木蕻良还从来没有和任何一位女性相恋过呢！又何况，萧红是一个两度结婚又两度离异，而且还两度怀了他人孩子的女人！当他与萧红在武汉大同酒家公开举行婚礼（前面两位都没有举行过类似的仪式）时，萧红已经有了五六个月的身孕——是萧军的骨肉。这，对于端木蕻良这个新郎来说，需要多么大的勇气来面对周遭的眼光啊！然而，正因为如此，出现在人们面前的这桩婚姻，并不为人们看好：这，又是一个过于仓促、不及周到考虑的婚姻。由于年龄小，不谙夫妻生活，因而对婚姻和家庭缺乏必要、足够的责任心。于是，每当危难来到他们的面前，萧红又极需要男人呵护的时候（如武汉时期腆着大肚子走路），端木蕻良不是置萧红于一边而不顾，便是独自一人一走了之。类似这种外人眼中很难接受的非正常现象，直到萧红弥留之际才有所改观。然而，一切都晚了，悲剧就这样形成了……

诚如萧红当初因萧军不忠，不得不去日本东京疗伤时，于1937年1月3日（距离开日本返回上海尚不足一周）所作的一首《沙粒》的诗中（刊同年6月5日出版的《文丛》1卷1号）所发出的"理想的白马骑不得，梦中的爱人爱不得"的苦涩心声，期望与现实脱节。同时，由于基础没有夯实，才会一次次更迭婚姻，却又一次次地亮起红灯，最终乱了方寸……

按理说，萧红在异国他乡疗伤半年，对于前面的婚姻（二人家庭）已有所悟，应当有所调整才对，但回到国内后，尤其是在相隔一年后第二次婚姻即将走到尽头时，萧红依然故我，面对众多好友发出的真诚劝导，竟然一句也没有能够听进去，只是依照自己的所需，迫不及待地投入了第三次婚姻……

萧红一次复一次的人生悲剧的演绎，有力地证实了冰心先生关于

"只要家庭这个小空间没有乱方寸"的告诫，是多么正确、多么宝贵呀！

冰心先生，正是以自己和丈夫吴文藻几十年如一日持续经营"没有乱方寸"的"家庭小空间"的生动实践，向世人做出了无声胜有声的一个范例。

萧红与巴金

　　因参加中共北满地下党外围组织的反满抗日救亡宣传活动，且又出版了一部不容于日本军国主义当局及其卵翼下的伪满洲国的书（指三郎、悄吟合著的小说散文集《跋涉》），萧红与萧军这对患难夫妇被迫于1934年6月匆忙逃离荆天棘地的哈尔滨，几经周折，于1934年11月南下流亡到了上海。至1937年9月，因日寇掀起的"八一三"上海战火，离开上海赴战时中心武汉止，在这两年多（去除萧红因疗伤去日本东京留学的半年，在上海实为两年四个月）的时间，萧红与巴金先生之间似乎并无多少来往，但巴金先生给予萧红关注，却是一个不争的事实：由巴金先生任总编辑的上海文化生活出版社，慧眼独具，在短短的九个月内，给萧红出版了三部散文小说集。这三部萧红作品集具有以下两个显著的特点：第一，为畅销书，分别出版了二版、四版和三版。第二个特点是，这三部作品出版的时间，都是萧红处在心境苦闷纠结，囊中羞涩，且独自一人孤零零地跋涉在异国他乡的旅途中。

　　此时此刻，巴金先生为愁肠百结的萧红接二连三地出版散文小说集，对于萧红来说，不啻一个莫大的安慰与鼓舞；这使她内心深处感受到了这个世界既有祖父般的鲁迅先生无微不至的关怀，也有巴金先生真诚给予的人世间温暖。

　　这三部散文小说合集，分别为《商市街》《桥》和《牛车上》。

　　有所区别的是，三部作品中前两部署名为三年前她刚跃上哈尔滨文坛时用的笔名"悄吟",书中记叙的大抵是两三年前她在哈尔滨的生活。后一部作品则署名为"萧红"——也许是为了告别过去的生活的缘故,其集中收录的篇章,多为留学东京时所作。

《商市街》,1936年8月由上海文化生活出版社初版,为巴金先生主编的《文学丛刊》第2集第12册。一个月后的1936年9月推出第二版。《商市街》共收入萧红散文三十三篇:《欧罗巴旅馆》《雪天》《他去追求职业》《教师》(原载1936年2月《中学生》第62号)、《来客》《提篮者》《饿》(原载1935年6月《文学》第4卷第6号)、《搬家》《最末的一块木板》《他的上唇挂霜了》《当铺》《借》《买皮帽》《广告员的梦想》(原载1936年4月《中学生》第63号)、《几个欢乐的日子》《女教师》《春意挂上了树梢》(原载1936年5月《中学生》第65号)、《公园》(原载1936年5月《中学生》第65号)、《夏夜》(原载1936年5月《中学生》第65号)、《小偷》《车夫和老头》《家庭教师是强盗》《册子》(原载1936年6月《中学生》第66号)、《剧团》(原载1936年6月《中学生》第66号)、《白面孔》(原载1936年6月《中学生》第66号)、《又是冬天》《门前的黑影》《决意》《一个南方的姑娘》《生人》《又是春天》《患病》《十三天》《拍卖家具》《最后的一星期》。

《商市街》是纯粹的纪实散文集锦,描写了萧红被萧军等人解救获得新生,直至最终遭受日伪当局迫害南下逃亡,离开哈尔滨前这一年多的生活。这个时期,生活虽然清贫,有时还是有了上顿却没有了下顿,有了米面却没有了柴火和酱醋油盐,但却是萧红三十一年短暂人生中比较幸福充实、且又时不时掀起浪漫水花的生活时期。她不仅获得了新生,恢复了作为一个人、一个女性的尊严与体面,更重要的是,她的才华得到了必要的发挥,从而一举迈上梦寐以求的文学之路,一颗文学新星,就这样悄然跃上被日伪统治整治得死气沉沉、奄奄一息的北满文坛。这个时期,也是她一生中的爱情鼎盛时期——她真真切切地感受到了萧军对她的呵护,对她的爱恋,自然也是长达四年多的二人世界最为和谐的一段时间。

此集初版不到一个月即印行第二版，由此可见萧红的作品深受读者的欢迎。在发自东京（1936年11月19日）致萧军的第二十九封信上，当听说《商市街》出版后大受欢迎的消息后，萧红欢欣鼓舞，情不自禁地写道："《商市街》被人喜欢，也很感谢。"

《商市街》是萧红与萧军流亡到上海后，萧红出的第二本书，紧随鲁迅为之作序大力推介的抗日小说《生死场》之后，可见鲁迅先生对崭露头角的新的左翼作家的扶持。

巴金先生为萧红出版的第二本散文小说集《桥》，由于也是描写自己的早期生活，故而也署名"悄吟"。

《桥》的生命力甚是旺盛，从1936年11月上海文化生活出版初版（为巴金主编的《文学丛刊》第3集第12册）开始，先后印刷四版，均由巴金先生主政的上海文化生活出版社署理，跨度长达十二年：1937年3月再版；1940年4月第三版——此时萧红已自重庆抵达她的人生的最后一站香港；1948年10月文化生活出版社第四版，此时的萧红长眠在香港浅水湾畔已经六年零八个月了，而距她影响20世纪中国文坛的发源地大上海的新生，已是指日可待。

《桥》收入萧红散文小说计十三篇：《小六》（原载1935年3月5日《太白》第1卷第12期）、《烦扰的一日》《桥》《夏夜》《过夜》（原载1936年2月20日《海燕》2月号）、《破落之街》《访问》（原载1936年1月20日《海燕》1月号）、《离去》《索菲亚的愁苦》《蹲在洋车上》《初冬》《三个无聊的人》（原载1935年8月5日《太白》第2卷第10期）、《手》（原载1936年4月15日《作家》第1卷第1号）。

这部散文小说集是由上海文化生活出版社出版的同一作者三部作品中出版次数最多、持续时间最长的一部，但是不知为什么，萧红本人对《桥》并没有看好。与她说出"《商市街》被人家喜欢，也很感谢"的心里话仅仅相隔五天，在1936年11月24日自日本东京寄给萧军的第三十封信上，萧红在获知《桥》出版的消息后，只是淡然地似问非问地写道："《桥》也出版了？那么，《绿叶的故事》也出版了吧？

关于这两本书我的兴味都不高。"

巴金先生为萧红出版的第三部散文小说集，名叫《牛车上》。

《牛车上》是在出版《商市街》和《桥》一年后出版的。上海文化生活出版社1937年5月初版，为巴金主编的《文学丛刊》第5集第5册。此时的萧红为排遣心头始终挥之不去的纠结，正在战争一触即发的古都北平漫无目的地游荡。

1940年4月上海文化生活出版社再版。

1948年8月上海文化生活出版社第三版。

《牛车上》收入的萧红作品少之又少，仅为五篇，它们是：《牛车上》《家族以外的人》（原载1936年10月15日《作家》第2卷第1号）、《红的果园》（原载1936年9月15日第1卷第6号）、《孤独的生活》《王四的故事》（原载1936年9月20日《中流》第1卷第2期）。

《牛车上》集中的五篇散文小说，全部写于1936年7月以后的东京旅次。

《牛车上》这篇小说约九千字，为该集篇幅中较长的一篇。小说叙说了一位名叫五云嫂的农村妇女，因为有一个当逃兵的丈夫而招致种种折磨。故事开端是女主人公五云嫂坐在牛车上，采用倒叙的方法讲述。在叙事过程中，萧红还设置、使用了不少悬疑及讲述语言的迂回技巧，从而给看似单调的讲述形式，带来更大的想象空间。

《家族以外的人》，长达二万五千字左右，也是本集中最长的一篇。这是一篇非虚构的自序性质散文作品。主人公有二伯是萧红祖父的远房侄子，长年居住在张家，为主人家所歧视，主人家对其歧视之过，甚至超过对在张家的雇农、长工。因此，萧红也就称有二伯为"家族以外的人"。这是作者儿时的记忆，通过一个孩子的视角，记叙了老人有二伯一生穷困潦倒而又孤独的生活，并且寄予了深切的同情。散文通篇描写逼真、生动，透着无边无际的悲凉和对封建地主控制的农村社会的另类控诉。

《红的果园》是一篇小说，描绘大敌当前，有志热血青年对生活的正确抉择。

　　小说没有正面出现女主人公，但通篇字里行间，女主人公的身影、气息无处不在。小说起始，由于对人生道路的不同选择，只剩下了一个红的果园。女主人公上抗日前线去了，男青年继续留在学校里，日复一日地批改那些千篇一律的作文卷子。小说着重描写了男主人公的心理活动，由果园内的景物和看园人似无意又似有心说出的一些话语而触动敏感的心弦，由此暗示男主人公也将循着恋人的踪迹奔赴前线杀敌。此文虽短，仅两千来字，但萧红的文学创作手法，此时已经上升到一个新的阶段。小说采用散文的描写方法，颇有点印象派的绘画技巧，光影斑驳，暗示频频。

　　《孤独的生活》，重点刻画了作为游子的作者在异国他乡的孤独与寂寞。此文写于刚抵东京不足一个月的1936年8月9日。上月中旬，因萧军的感情出了问题，于是，痛苦不堪的萧红不得不远走东京。她原计划在东京居住一年疗伤（身病、心病皆有），结果后来还是提前半年回到上海。因为在东京，她忍受不了终日环绕在她周身上下的那种孤独氛围："等到我把自己也忘掉了时，好像我的周围也动荡了起来。"

　　《王四的故事》，是一篇长于心理描写，又具有讽刺意味的短篇小说。它描写了一个在贪婪成性的地主家中的一个长工的命运。长工王四忠心耿耿地为他的地主东家干活，还愚昧而又麻木不仁，一直以主人对他的"信任"为荣。实际上，主仆之间的关系，并非像王四想象的那么美好、那么牢靠。只有在灾难到来时，主人才会表现出对仆人的那种依赖与需求——因为主人要保住他的生命与基业。也只有在灾难到来的这一特定时刻，主人才会假惺惺地对仆人示好，说上那么一两句言不由衷的廉价表扬话。小说《王四的故事》，揭示了当时社会中的一个可悲而又无力改变的事实：底层人物的价值与尊严，是那么可笑地攀附在残酷盘剥他的"主人"的腿上。这，也是当时那个社会的真实写照。

应当指出的一点是,《牛车上》较之此前出版的《商市街》和《桥》,要更具现实意义和文学价值。在这部仅有五个单篇作品组成的集子中,我们欣喜地看到,萧红认识世界的能力,创作主题和价值观,驾驭文学的技巧,有了一些新的质的变化,近乎一个里程碑式的飞跃。

我们还应当看到,由巴金先生任总编辑的上海文化生活出版社,在短短九个月内,为一个小荷尖尖才露头的年轻女性作家一口气出版了三部作品,在当时是一件很了不起的事情。鲁迅先生大力扶持年轻作家的那种甘为人梯的精神,在巴金先生这里得到及时的传承。从1935年12月出版的鲁迅亲为撰序和呐喊的具有划时代意义的小说《生死场》,到萧红刚一跃上上海文坛,便在沪上出版的第一部散文集《商市街》,其间不过短短的八个月(前者是自费结社秘密出版,后者则是公开出版,且支付版税),这体现了巴金先生扶掖年轻人的一腔火热情怀。

巴金先生早年留学法国,受法国卢梭等人的影响较深。他提倡平民情怀,崇尚无政府主义的思想和创作主题,他的生活,他的创作,始终置身于党派斗争之外。他热爱自己的生身祖国,热爱自己的民族,反对战争,关注国计民生,与人民息息相关,与时代同步前进。萧红自幼崇尚自由自在的生活,及至跨入文学大门后,又格外崇尚自由自在的写作,这与巴金先生倡导的,有一定的相似之处。这,可以从她1938年夏秋在武汉与两位共产党人老友高原、舒群之间发生的激烈争执中得到印证。1997年10月8日,她的早期老友、高原先生在其南京虎踞路的寓所中,于回答笔者的提问时,专门提到了六十年前发生的一件事。1938年秋,高原自延安来到战时临时中心武汉。与萧红会面时,谈及她同萧军的离异和当时她所陷入的窘境,高原不但批评萧红处理自己的私生活过于草率,而且还批评了她不注意外界影响,不考虑由此产生的严重后果,犯下了不可挽回的错误。萧红听后,顿时气鼓鼓地回敬了一句："你从延安回来了，学会了几句政治术语就训人！"

就在这里，萧红与舒群再次重逢。早年担任第三国际情报员的中共地下党员，"九一八"爆发第二天即加入抗日义勇军，后又成为参加过平型关全歼日寇战斗的八路军总部随军记者和朱德总司令秘书的舒群，是在1938年2月抵达武汉的，而且还是直接由任弼时同志委派来到武汉的。在武汉，他创办了《战地》杂志。此次重逢，萧红全然没有了一年前在北平与舒群一起爬长城时的兴趣。当时，舒群住在武汉读书出版社的书库里。端木蕻良走后，萧红常去那里看望舒群。那时候萧红十分苦闷，往往是一到舒群的住所，就把鞋子使劲地一甩，便毫无顾忌地躺倒在舒群的床上，两眼直愣愣地望着天花板发呆。每一次去，比她小两岁的舒群都要极力劝说她去延安，有一次，为争论这个问题，两个老朋友整整吵了一夜。萧红不容置疑地说，她的态度是一向愿意做一个无党无派的民主人士，还说她对政治斗争十分外行，在党派斗争的问题上，她总是同情失败的弱者，她一生始终不渝地崇拜的政治家只有一个人，那就是孙中山先生，因此，她不想也不愿意去延安！

不仅如此，我们惊讶地发现，巴金先生为之实践了整一个世纪的平民情怀，同样贯穿萧红三十一年的有限生命中。这里说的，不仅仅是她的生命轨迹。对此，我们可以从她创作的全部作品中得出一个完整的结论：从她当年在哈尔滨获得新生后所做的有关人生、有关挣扎在这个吃人的社会底层劳苦大众生活的第一个短篇小说《王阿嫂的死》，到两年后被鲁迅赞誉为"力透纸背""给你们以坚强和挣扎的力气"的成名作《生死场》，再到她的那部令她身后大放异彩的百年经典《呼兰河传》，乃至在去世前夕抱病完成的《小城三月》和《马伯乐》等作品中可以看出，萧红始终"生活"在社会底层的平民及劳苦大众中，并与他们同命运、共呼吸。

如她和萧军因躲避日本占领者和伪满当局的迫害流亡到青岛时，

萧红的这种关心劳苦大众的平民情结尤为凸显。当时，在他们的楼上，住着一个三十岁左右信奉上帝的女人和一个行为举止粗鲁的姑娘。在他们左侧的一间小房子里住着一位老太太，再往后则是一个卖肉包子的小贩。周围来来往往的人，经常是一些神情严肃得如同泥塑的人——整天穿着黑衣黑裙的女修道士。

"这真是罪恶呵！"目睹这一切，萧红不由得叹息着说道，"为什么一个人会给他们弄得这样愚蠢呵！那还有人的灵魂吗？那还有人的生命吗？只是一块肉了，一块能行动的、已经不是新鲜的肉了。"

然而当萧军因忍受不住周围传来的祷告声提出搬家的时候，萧红却说："搬家是麻烦的，我很爱这个地方……可以两面看海，而且他们又全是善良的人，楼上那个女人很可怜！"

萧军激烈地予以反驳："她穿得很漂亮，每天吃饱了就唱戏，又有丫鬟使着，有什么可怜呢？缺少一个男人，就随便找一个好了，那也值不得每夜哭着祷告上帝……"

"人不是像你说得这样简单……无论什么样的……她总有苦痛的，只要有灵魂。"

萧军断然予以否定："我可不了解这样人的灵魂！"

"你这人……"萧红笑着说，"楼上有一间房子要空出来了，他们也可以搬上去。"

"我不同意，"萧军执拗地说，"我要搬出这个院子。"

"为什么？"

"我憎恨她……"

"她是可怜的。"萧红又补充了一句，"我很同情她。"

最后，在萧红的劝说下，萧军也放弃了搬家的主张，毕竟他们也是"下等人"。

萧红是一个善良而又单纯的女性，心中对人间充满了爱。后来，当他们的穷邻居被房东驱逐，那个卖肉包子所住的凉亭被拆毁建造新的房子的时候，萧红这种对人间的博爱又充分显示出来，她向萧军提议，是不是可以让他们搬到自己的厨房里去住。尽管经历了一番争辩，但最后依然是萧军听从了萧红的建议，毕竟萧军也是一个穷人，是从最基层的生活中走过来的。

毋庸置疑，萧红的这种平民情结，是那样坚忍不拔地贯穿她的生命始终，即使她自己的生命之路走到了尽头，她也是那样强烈地往外释放着。1942年1月12日（见历史现场见证人骆宾基所作的《萧红小传》所示——秋石注），距她生命的终结不足十天的那个黄昏时分，从痛苦中暂时安宁下来的萧红，倚靠在活动病床上，同骆宾基和端木蕻良说着心里话。萧红说："作家在世界上追求什么呢？若是没有大的善良，大的慷慨，譬如说，端木，我说这话你听着，若是你在街上碰见一个孤苦无依的讨饭的，袋里若是还有多余的铜板，就掷给他两个，不要想给他又有什么用呢？……凡事对自己并不受多大损失，对人若有些好处的就该去做。我们的生活不是这世界上的获得者，我们要给予。"

在为萧红出版三部散文小说集后的数十年间，直至晚年，巴金先生心中是挂念着当年这位名叫萧红、被鲁迅无奈地笑称为一直"长不大"的东北姑娘的。据二萧好友黄源先生晚年回忆，以及1998年8月、2002年7月黄源先生在浙江医院对前往探视的笔者叙说，自20世纪80年代以来，在他与巴金先生在杭州的数十次晤谈中，巴金先生不止一次提到萧红，而更多的是为这位中国20世纪文坛出类拔萃的一代才女不幸早逝扼腕叹息。

萧红与赵一曼

这是历史上曾经发生过的一个真实故事，一个有关在20世纪的中国，分别出生于白山黑水和巴山蜀水，一文一武，一北一南，两位出类拔萃的女性擦肩而过的故事。

多年来，人们常常在想，如若她和她，这一文一武两位旧世界的叛逆者，不是擦肩而过，而是能够亲密地拥坐在一起畅谈一番——哪怕是短暂的一小会儿，那么，那位从文并在日后的中国文坛上大放异彩的北国女性的未来又将是一种什么结局呢？

一

20世纪末，作为当年萧红与萧军结合最有说服力的历史见证人，方未艾（1988年6月22日萧军告别人世后，笔者有幸与时年八十二岁的方未艾老人多次叙谈印证）以九旬之年向我们讲述了这么一件事：那是1933年5月的某一天，在日寇铁蹄践踏下的哈尔滨那条欧化了的中央大街上，时任地下党领导下的满洲省总工会组织部部长、哈尔滨总工会代理书记，正奉命组建抗日联军，日后威震敌胆的民族女英雄赵一曼，与在沦陷区文坛上崭露头角，后来在鲁迅一手扶持下，以撰写人民革命武装与觉醒了的黑土地农民反抗日本法西斯入侵鲜明题材的小说《生死场》一举成名的著名左翼女作家萧红，有过一次迎面双目对视的际遇。

那一天，由南往北匆匆步向漫天柳絮飞扬的松花江边的是赵一曼，与她结伴而行的，是地下党军委负责人、二萧好友金伯阳。顺便在这里向读者说明一下，大连电车工人出身的地下党员金伯阳，本名金永绪，化名杨朴夫，又称北杨，早于赵一曼、杨靖宇等东北抗日联军将领，牺牲在面对面武装抗击日寇的战场上。而由北向南一前一后同样急匆匆走来的这对青年男女，则是那对笔名为三郎与悄吟的青年爱国作家夫妇萧军与萧红。此时此刻，赵一曼并不知道迎面走来的，就是她正在热心读着的，《国际协报》上刊载的，反封建反黑暗统治、描写底层劳苦大众生活题材的《王阿嫂的死》与《疯人》等作品的患难夫妻作家。但是，就在那擦肩而过的一瞬间，赵一曼还是深切地感受到了二人明显的反差——男的一身的桀骜不驯，女的脸上显现出忧伤和矜持……说实话，赵一曼很想就此收住脚步，呼唤一声，然而，自己肩上担负的重要使命，本能地抑制住了她的这一想法。

见赵一曼的目光投注在萧红身上，与二萧往来较为密切的战友金伯阳悄声告诉她：那就是悄吟与三郎！

待到当天晚上，赵一曼与她的联络员、一年前积极参与营救萧红的方未艾会面的时候，将白天在中央大街上遇见三郎和悄吟的事告诉了后者。方未艾听后，也告诉了赵一曼关于萧红的一些往事，特别是她为抗婚追求自由不惜与地主家庭决裂，最终因饥寒交迫抗婚失败又遭人遗弃险些被卖入青楼，复又被《国际协报》文艺副刊主编裴馨园组织一干人救助，直至最终与萧军结为夫妻的这一段凄婉动人的经历，还有他与萧军在九一八事变爆发后，在吉林舒兰如何策划兵变，兵变失败后来到哈尔滨加入冯占海为保卫哈尔滨而组建的抗日部队，最终流落哈尔滨的一系列情节……

方未艾娓娓道来，赵一曼静静听着。思索良久，她才深情地对方未艾说："有机会你对他们做些忠告，孤军作战，自由是自由，但不如加入团体作战力量大。"

赵一曼说出这番忠告，是凭她的直觉。直觉告诉她，白天在中央大街遇见的这对夫妻作家与众不同，似乎是独立的不合群的双雁。不但与众不同，而且夫妻之间也有一定的差异。

赵一曼有所不知，三郎与悄吟现在是依附一个团体的，虽说松散了一点，但毕竟是在有多名共产党员加盟、有反满抗日纲领与目标的外围组织——"牵牛坊"。

此时的赵一曼所说的自由，是她一生为之奋斗的自由；而萧红笔下展示的自由，则是她一生都渴望的自由。

遗憾的是，在20世纪中国人民长达十四年的伟大抗日战争中，这一文一武后来成为亿万中国人心目中的两位自由女神，并没有能够在她们的生前实现沟通心灵的对话。对于萧红来说，她始终不知道与她迎面对视、眼中闪动着炽烈的民族自由火焰的女性，就是从四川坝上一座封建闭塞的大宅门里造反出来，继而在革命大潮里出生入死的一员骁勇战将；而对于本名李坤泰的赵一曼来讲，自加入中国共产党那一天起，她已经将自己的命运，同整个民族、祖国的命运紧紧地联系在一起，她无法也不可能离开如火如荼的抗日斗争第一线，寻求机会来倾诉对中央大街上那次相遇的感受。

据方未艾晚年回忆，他与赵一曼的初次相识，是在1932年9月，其时正是哈尔滨那场百年未遇的特大洪水刚刚退去不久，同时也是方未艾与舒群、萧军他们合力解救萧红出困境两个月后。那时的方未艾已由道外的《东三省商报》转到道里的哈尔滨《国际协报》，接替萧军担任副刊编辑不久。方未艾回忆道：

> 一天，同我单线联系的金伯阳同志给我传达了党的指示，要我很好地利用副刊，来作为宣传革命和团结进步人士的阵地。我那时刚参加党的工作，没有读过马列主义著作，对党当时的方针政策理解得也不深。为此，伯阳为我介绍了一位同志做老师。初次接头的地点在公园。到达时，只见假

山下的一条长椅上坐着年轻女子，穿一身古铜色毛织的上衣和裙子，脚上是双绛色高跟皮鞋。她打开一个褐色的小手提包，望着里面的镜子，用手轻拢鬓边的短发。当我们走近她时，她合上了小手提包，抬起头来，脸上泛起亲切的微笑。

据方未艾回忆，在二人一次又一次的会面谈话中，赵一曼向方未艾讲述革命理论和党的路线、方针、政策，教授俄语，还讲了她在苏联莫斯科中山大学学习的一些体会。他感受到，赵一曼还具有比较高的文学修养。赵一曼告诉方未艾，中国作家中她最爱读鲁迅的作品，苏联作家中她最喜欢读的是高尔基的作品。从南方来到哈尔滨后，赵一曼十分注意沦陷区报纸上刊登的一些文艺作品。她说她很喜欢三郎和悄吟的作品，潜意识里认为这一对夫妻是属于革命作家范畴的。但就是不知道他们参加了什么组织没有。赵一曼告诉方未艾，年少时在私塾她读过四书五经，还读过唐诗宋词，学过作八股文、作诗、作词，可是她非常反对孔孟之道，因为孔子说过："唯女子与小人为难养也，近之则不孙，远之则怨。"赵一曼说，孔孟之道竟将女子与小人相提并论，作为一个女人，特别是经历过"五四"精神洗礼的年轻女性，她分外痛恨这种说法。

在他们相识相交一年之后，1933年初秋的一天，赵一曼匆匆来到方未艾居住的国际协报社的单身宿舍，告诉他，她刚从外地农村归来。风尘仆仆的赵一曼满怀激情地对他说："很多同志把部队搞起来了，打了不少胜仗，游击队伍一天比一天壮大。我想留下在那里长期工作，因为未经组织同意，我就回来了。汇报工作以后，又做了请求，到部队去，拿起枪杆战斗。你学过军事，去了有用武之地，不然，岂不是白学了，我们一起到游击队去吧。"

见赵一曼说得非常恳切，方未艾也动了心。赵一曼走后，他找到自己的上级联系人金伯阳，说想与赵一曼一起去游击队，金伯阳没有马上答应，而是让他等一些时候再提请求。

方未艾记得很清楚，那是1933年9月11日晚间，赵一曼来向他道别。这是方未艾与赵一曼的最后一次会面。赵一曼告诉他："我的请求组织已经同意。"继而又问："你怎样呢？还在等待？"方未艾急忙回答："可不是还在等待嘛！这回你能走，我就不等待了，跟你一同走。"赵一曼正色道："这可要不得，一个党员无组织、无纪律怎么行！"沉思片刻，赵一曼从方未艾床头小桌上的笔筒里取出一支毛笔，打开墨盒，取过一张稿纸，一边想，一边写……写完了，她又仔细看几遍，稍稍改了几个字，然后将它递到方未艾手上。方未艾接过一看，但见稿纸上写的是《赠友留念》的三首五言诗：

　　　　世上多风云，
　　　　人生有聚散。
　　　　今朝苦别离，
　　　　他日喜相见。

　　　　友情和爱情，
　　　　男女都看重。
　　　　言行不自由，
　　　　两者将何用？

　　　　理论与实践，
　　　　纷纷说短长。
　　　　一心为社会，
　　　　万古可流芳。

　　随后，赵一曼又兴致勃勃地向方未艾讲述起抗日革命根据地发展壮大的情形，一直讲到夜深，才同方未艾握手告别。没承想，这次分手，对于方未艾来说，留下了一生都挥之不去的疼痛：同三个月后他与萧红的告别一样，成了永别。

二

　　此前一年由黄吟秋与金伯阳介绍入党的方未艾，此时正承担着地下党的联络工作，虽说与二萧之间还有些往来，但已经不似过去那么密切。不知道为什么，他当时并没有将赵一曼的忠告转告二萧。直至一个多甲子后，他才将抗日女英雄赵一曼当年要他转告的这番话向世人公布。也许他自感将不久于人世，有必要留下当年这遗憾的一幕，供后人探讨。然而，二萧早已作古，我们已无法获知他们心中在想些什么了。作为有幸与方未艾前辈会面叙谈过的晚辈，笔者也只能在这里做一个简单的解读。与广大读者的心情一样，笔者心中更多的是怀念与敬仰。

　　方未艾晚年留存的文字表明，还是在1933年的秋天，也就是赵一曼前往珠河游击区率兵抗击日本侵略者后不久，中共满洲省委决定，委派方未艾前往设在苏联太平洋滨海城市海参崴（符拉迪沃斯托克）的列宁学校深造。临行之前，他去道里商市街25号萧红萧军他们的租住处告别。那一天，他去的时候，适逢萧军不在家，于是，他对萧红讲了组织上决定派他去苏联学习的事。当方未艾讲述这件事的时候，萧红正在她和萧军居住的那间小屋里，匍匐在炕桌上，一笔一画地刻写地下党发行的抗日倾向明显的《东北民众报》的蜡版。一听方未艾这话，萧红立刻把手中的铁笔放下，有点不知所措地望着方未艾，她只是感到很突然。少顷，方未艾对她说："我是特意来向三郎和你告别的。我这一去，不知是生离还是死别。"方未艾的最后这句话，一下子触动了萧红的心弦，她情不自禁地用手抹起了溢出眼眶的泪水。见萧红这样伤感，方未艾未免也感到一阵心酸。良久，萧红才勉强地说了一句安慰的话："但愿他年还有相见时！"

在这之前，也就是二萧结合搬到商市街25号后，尽管自己白天要编《国际协报》副刊，晚上还要经常参与地下党的活动，但方未艾心中仍然时不时地牵挂着萧军萧红这对患难夫妻。他去时，萧军很少有在自己家的时候，他出去打工授课了，借以维持他和萧红二人的最低温饱生活水准。来到商市街25号那间小偏厦，方未艾常常会碰见萧红在刻钢板，而且全是为地下油印刊物《东北民众报》。一次，方未艾去时，瞥见萧红正仔细地在蜡纸上刻画插图。插图底稿是方未艾熟悉的共产党员金剑啸（次年二萧逃离后不久，金剑啸即被日寇特高课特务抓捕，历经折磨，坚贞不屈，最终被日寇残忍地杀害在齐齐哈尔）画的两幅漫画：一幅画的是几个日本兵横行农村，举着火把正在点燃农民聊以寄身的低矮茅草房；另一幅画的是几个兽性大发的日本兵，残忍无比地将一个年老的农民推向熊熊燃烧的火堆。两幅画全是描写日寇在东北农村"归屯并户"的血腥暴行。看到萧红刻印《东北民众报》插图，身为共产党员的方未艾，方才知晓眼前的这个柔弱女子，不仅参加了地下党领导的画会、剧团与文艺刊物的一系列活动，而且还参加了党报的刻印与发行工作。

1933年秋天某日，在哈尔滨道里商市街25号的那个小偏厦内进行的这次后来被无情的历史证实为生离死别的谈话中，萧红还告诉方未艾，她和三郎在哈尔滨也不能久住下去了，一旦有机会他们就要到内地去。接下来，萧红又谈了一些别的问题，而且越谈越难过，一边说一边流起了眼泪。见萧红如此难受，方未艾心中也难受极了。萧红和萧军结为夫妇以后，为避伯婶之嫌，方未艾就没有和她握过手，但在这分别的悲伤时刻，方未艾"主动地向萧红伸出了手"，紧紧地握了握萧红沾满泪痕的手，勉强地笑着说："这真是相见时难别亦难哪！"听着方未艾这句话，萧红又禁不住泪流满面。

在这里，方未艾为什么要在文中向后人告白，生离死别的悲伤时刻，是他"主动地向萧红伸出了手"的呢？这是因为，当初萧红被困在东兴顺旅馆等待最后的解救时，见到前来探望她的方未艾，受"五四"影响，为人处世方式前卫、不避人嫌的萧红曾邀他同去公园散步，但被他拒绝了。为此，萧红不止一次讥讽方未艾是"老封建"。

三

说起萧红讥讽方未艾是"老封建"，其中还有一个典故呢！

近七十年后，当20世纪的夕阳缓缓地落在地平线之下，21世纪的绚丽曙光投射在中华大地上时，这个典故方才从沉睡的历史中苏醒过来：由当事人亲笔书写并授权媒体对外公布的一段有关萧红与他人交往的情感故事，就这样原汁原味地给呈现在了关注萧红的万千读者面前。

在1932年7月13日萧军与萧红互诉衷肠定情后，萧军将萧红介绍给好友方未艾相识。方未艾长萧军一岁，萧军以兄长礼事之。在萧红逃离囚笼前，方未艾也常去探视萧红。在此期间，萧红曾两度赋诗——旧体诗五言绝句致方兄，这是她一生中少见的旧体诗。现移录如下——

逸诗之一：《对镜有感》

因居客舍久，百感动心间。
两鬓生白发，难明长夜天。

这首五言绝句，真实而又形象地抒发了作者遭人遗弃后所产生的一种无可奈何及其孤寂待救的心情。

逸诗之二：《致方曦》

高楼举目望，咫尺天涯隔。
百唤无一应，谁知离恨多。

方曦，乃方未艾，时方未艾在哈尔滨《东三省商报》任副刊主编，食宿皆在此。萧军供职的《国际协报》及所居的老斐家均在道里，距萧红被囚的东兴顺旅馆较远，而《东三省商报》位于道外正阳十四道街，距东兴顺旅馆仅两街之隔。萧红于百无聊赖中三约方曦来会，而方则囿于伯婶之嫌再三拒之。于是，萧红乃讥方曦为封建顽固分子。诗中所言二人居住近在咫尺，实则远若天涯，欲见而不得，心中未免滋生怨恨之意，遂以此委婉诗句责备之。

方曦得诗后，曾将上述诗报以萧军。至萧军1988年逝世，除去战乱及政治因素，方未艾一直与萧军以兄弟事之，坦诚相待达六十三年。

与方未艾分手时萧红之所以说她和萧军"在哈尔滨也不能久住下去了，一旦有机会就要到内地去"，其根本原因在于日益恶化的政治压迫环境。他们在地下党领导的外围组织"牵牛坊"从事的反满抗日活动，受到了日伪当局特别而又严密的监控。就在方未艾去苏联深造之后不多日，二萧分别以悄吟、三郎的笔名，秘密出版了一部矛头直指封建压迫和反抗日本占领的小说散文合集《跋涉》，但很快遭到日伪当局的封杀：所印一千册中的大部分，即在同发隆商场书铺销售的全部被没收销毁。与此同时，因锋芒毕露且不分场合喜欢说长道短，外加时不时抨击伪满洲国，萧军也上了当局暗中要缉拿的名单。后来，二萧在先期抵达青岛立足的地下党员，原第三国际情报员舒群（1932年六七月间，萧红被当作人质困在道外十六道街东兴顺旅馆，《国际协报》副刊主编裴馨园发出援救萧红的呼吁后，舒群先于萧军、方未艾等人前往探望并送去应急的食物）的催促下，经哈尔滨地下党员罗烽（满洲省委候补委员，时为中共满洲省委军委书记、抗日名将杨靖宇的联络员）及共产党员金剑啸、黄田等人的精心安排，悄悄逃离荆棘遍地的哈尔滨经大连坐海船去了青岛。半年后，青岛形势也趋恶化，不过，这回导致二萧陷入险境的不是日寇侵略者与伪满洲国的统治者，而是坚持"攘外必先安内"媚日投降政策的"自己人"——国民政府的特务鹰犬！不得已，二萧只得又一次流亡做逋客，其目的地是上海。目的也只有一个，他们想见一见鲁迅，并渴望得到鲁迅先生的帮助。

两年后，方未艾从苏联完成学业后回到国内。在哈尔滨，他遇到老友、著名俄文翻译家金人。金人告诉方未艾，他和萧军还经常通信哩！萧军在信上说他和萧红在青岛停留了几个月后就到上海去了。萧军在那里写完了《八月的乡村》的初稿，而晚创作一步，但悟性甚高，对东北农村农民生存情况与心理状态了如指掌且一向抱以同情的萧红，提前写完了《生死场》。一年后，在上海，他们在鲁迅先生无微不至的关怀和扶持下，出版了这两部在中国乃至世界上最早的由"革命党"即共产党领导的反法西斯战争题材的优秀作品。鲁迅先生还多次介绍他们的其他作品在上海的杂志上发表，以及出版单行本。

后来，方未艾在新疆阿勒泰专区担任反帝分会书记兼金矿局局长期间，从驻金矿局的苏联专家米秋森那里读到两本莫斯科出版的俄文《国际文学》杂志。在这两本杂志上，方未艾首次读到萧军写的小说《八月的乡村》的译文。该杂志还这样介绍萧军道：他是中国现代无产阶级革命作家。方未艾后来对包括笔者在内的许多人说，这是他第一次欣喜地看到萧军的作品被译成外文，并被誉为中国现代无产阶级革命作家。

1938年，新疆军阀盛世才一把扯下了伪装革命的面具，进而大肆抓捕、迫害、杀戮当初经他手亲自邀请前来新疆工作的共产党员和"左倾"人士。方未艾自然也在劫难逃，他被盛世才派去的军警押解着，从阿勒泰骑着骆驼经长途跋涉送回乌鲁木齐的监狱监禁。

1942年，方未艾被盛世才关在乌鲁木齐第四监狱期间，从一张《新疆日报》上所载的消息中，读到了女作家萧红1月间在香港因病去世的噩耗。为此，方未艾心中深为惋惜，且十分悲痛。

1944年秋，在乌鲁木齐第二监狱新牢房里，方未艾遇见了也被盛世才关进来的著名话剧电影演员赵丹。赵丹听人说方未艾是萧军的老朋友，就告诉方未艾，在鲁迅先生逝世时他曾见过萧军。那时候的萧军是鲁迅先生治丧委员会办事处的负责人，而且还担任了万人送葬游行的总指挥。鲁迅落葬时，宋庆龄、蔡元培、沈钧儒等人讲了话，最后由萧军代表治丧办事处及《译文》《作家》《中流》和《文学》四个杂志社的同人讲话。赵丹的感觉是，萧军讲得非常沉痛，催人泪下。

四

赵一曼要方未艾转告的话中所说的"自由"，是她一生都为之奋斗的理想，也就是共产党人的共同理想——追求无产阶级和人民大众的彻底解放的自由。二萧，无论是萧红还是萧军，追求的则是他（她）一生渴望的自由：首先是个体的自由，最终是民族的自由，普天下人的自由。

1933年4月2日（此时的萧红在获得新生后，与她的三郎即萧军在一起，以悄吟的笔名，开始了她爱憎分明的以反封建反外来入侵者为主旨的左翼文学道路的跋涉），赵一曼领导了哈尔滨电车工人的反日大罢工，罢工持续了三天三夜，以工人的胜利而告终。在哈尔滨从事地下工作期间，赵一曼写过一首豪气冲天的题为《滨江述怀》的言志诗，诗云："誓志为人不为家，涉江渡海走天涯。男儿岂是全都好，女子缘何分外差。未惜头颅新故国，甘将热血沃中华。白山黑水除敌寇，笑看旌旗红似花。"

两位女性都来自封建闭塞的富庶家庭，二人都因深受五四运动的影响而祭起反封建反压迫的大旗。二人都是在刚满二十岁那年，就选择了背叛封建家庭出走的道路，尽管以后二人所走的道路不尽相同，而且赵一曼年长萧红六岁。

还有一点是相同的，二人在青少年时期都喜爱上了鲁迅的著作。

1934年初冬，逃脱不给他们生存自由的伪满洲国后，萧红、萧军来到青岛，继而来到上海来到鲁迅身边。萧红与萧军送给鲁迅并获得鲁迅先生信任的礼品，除了那部在哈尔滨遭日伪当局封杀的反日反伪满统治倾向鲜明的小说散文合集《跋涉》，还有萧红在青岛流亡期间完成的反映沦陷区人民不甘压迫和做亡国奴而拿起武器反抗日本侵略的小说手稿《生死场》。鲁迅先生于百忙中读完了悄吟的这部小说。读着，读着，尤其是在万籁俱寂的夜深时分，鲁迅先生分明听到了在生死场上挣扎的白山黑水间三千万同胞的呻吟和呐喊。萧红笔下觉醒了的黑土地农民对侵略者的反抗是生命本能的行为，竟是那样真实而又生动。她留给人们思索的，正是赵一曼当初要方未艾转告萧红的那句革命者的肺腑之言："孤军作战，自由是自由，但不如加入团体作战力量大。"

　　在后来为其出版时所撰写的序言中，鲁迅写道：

　　　　……然而北方人民对于生的坚强，对于死的挣扎，却往往已经力透纸背；女性作者的细致的观察和越轨的笔致，又增加了不少明丽和新鲜。精神是健全的，就是深恶文艺和功利有关的人，如果看起来，他不幸得很，他也难免不能毫无所得。

　　鲁迅先生最后号召：

　　　　……不如快看下面的《生死场》，她才会给你们以坚强和挣扎的力气。

　　毋庸置疑，正是得益于鲁迅的作序和大力举荐，很快，萧红成为革命文学的一位斗士，左翼文坛上的一位杰出女作家。无论是萧红《生死场》中所描绘的失去了家园的农民对侵略者的反抗，是何等真实而又生动，"用钢戟向晴空一挥似的笔触，发着颤声，飘着光带"（胡风语），还是她由此而步入了为中华民族求解放的左翼文坛洪流，无不印证了赵一曼要方未艾转告二萧的那句叮嘱："孤军作战，自由是自由，但不如加入团体作战力量大。"

一代才女萧红最终以三十一岁英年早逝，除去战乱和身体健康原因外，不能不说，在相当一段时间内，她是一只自我放飞的孤雁。脱离了战斗的团体，一味地追求孤寂的自由和清静，其后果是不堪设想的——后来的实践印证了这一点。

就在萧红不断地受到鲁迅先生抚爱、教诲，成长为左翼文坛和20世纪中国文坛出类拔萃的一代女作家时，同样喜爱阅读鲁迅著作的赵一曼，英姿飒爽，正横枪立马战斗在抗击日寇侵略第一线的白山黑水……

鲁迅对萧红的关爱和帮助是无微不至的，除了用很多时间和萧红、萧军他们通信之外，还想方设法把他们的书介绍出版，并亲笔著序。经鲁迅先生介绍，萧红结识了美国著名作家史沫特莱女士和左翼作家茅盾、胡风、叶紫、聂绀弩等。很快，她与萧军一道成为中国文坛尤其是左翼文坛上两颗耀眼的新星。

萧红得天独厚的际遇，该是赵一曼惊羡不已的。那个年月，赵一曼这个来自川蜀大地的不屈的南方女子，和出生在呼兰河畔的北国多情才女萧红，正好相互置换了一个角色：赵一曼领导的抗联部队活动在距萧红故里近百里远的珠河一带，而萧红却来到了三千公里之外、多年前赵一曼在残酷的白色恐怖下从事过地下斗争的大上海，有幸成为鲁迅先生生前格外钟爱的女弟子。

本来，赵一曼也是有可能成为鲁迅先生的忠实弟子的：以她早期接受五四运动的洗礼，精心研读鲁迅的《狂人日记》与《阿Q正传》，向封建礼教宣战，成为一名旧世界的叛徒；以她在战场上勇猛杀敌、令武装到牙齿的法西斯入侵者闻风丧胆的英武；以她在囚狱中面对惨无人道的敌人施以的重重酷刑，所表现出的宁折不屈、视死如归的威猛；还有，以她在诗文中那些类似鲁迅先生笔下匕首一般射向敌人的文字……然而，为了祖国，为了民族，为了人民，她毅然横枪立马走上了抗击日寇侵略的白山黑水第一线。直至昂首挺胸大义凛然地走向刑场，"甘将热血沃中华""笑看旌旗红似火"……

与鲁迅一样，赵一曼也是亿万人民心中引以为傲的民族魂。

五

从巴山蜀水走出来的赵一曼，没有像萧红那样历经那么多坎坷，无论是婚姻，还是其他。同时，她还缺少那个时代新女性的浪漫。民国初始的"天府之国"，有多少个女人是不缠足的？可刚入少年的赵一曼就敢用柴刀割掉缠足的布条，剁碎了为她准备的那双"小尖脚鞋"，她不吃不喝卧床不起……经过一番激烈的抗争，少女李坤泰，即后来令日本关东军闻风丧胆的那个抗联女将领赵一曼，终于争得了用宽厚的脚掌大踏步走路的自由。正是这双宽厚的大脚掌，令赵一曼日后义无反顾地加入了中国共产党，并且投入同背叛孙中山先生三大政策的蒋介石独裁政权宣战的大革命洪流，投向万里之遥十月革命的故乡进行深造，最终走到反对日寇入侵、追求民族解放的伟大斗争第一线！

无人发动这位四川幺妹去反抗缠足，是那股渴望自由的天性起了作用。是外面吹来的自由春风，化作一股难以遏止的冲力，指向围困着她的精神牢笼。

赵一曼的思想启蒙老师郑佑之，是她的大姐夫。郑佑之以小学校长的身份，最先接受了五四运动的洗礼，他像一团火，照亮了她的心。赵一曼从郑佑之带回来的进步期刊中，看到了巴山蜀水以外的火热世界。

赵一曼离家求学的愿望遭到封建礼教的阻拦，长兄的恶言指责，激起她奋笔疾书。一篇数千字的檄文《被兄嫂剥夺求学权利的我》，发表在向警予在上海主办的《妇女周报》上："我生在黑暗的家庭十数载以来，并没有见过丝毫的光亮。阎王似的家长哥哥，死死把我关在那铁围城中，受那些黑暗之苦……我极想挺身起来，实行解放！"

这篇文章一经发表，便引起不小的轰动，有识之士并不将其看作弱女的简单求助，而是将其视为向封建势力宣战的号角！

8月的一天，赵一曼趁兄嫂出游之际，毅然走出大山，跃入东流入海的大江，投身革命的洪流之中。这一年，她刚满二十岁。

她反抗封建家庭成功后，在二十一岁那年——1926年，加入中国共产党，并于次年入大革命中心武汉的中央军事政治学校学习。同年4月12日，独夫民贼蒋介石背弃孙中山遗训，背叛革命，向共产党人和革命人民展开大屠杀后，赵一曼被组织选送莫斯科中山大学学习。一年后学成回国。日寇发动九一八事变后，党组织将她自上海派遣到东北工作。

笔者在这里补充一笔有关赵一曼的一个重要史实：赵一曼曾在设在上海的中央局机关工作过一段时间。赵一曼正是从上海走向沦陷后的东北从事地下斗争的，进而驰骋在横枪立马英勇杀敌的白山黑水抗日斗争的第一线，直至最终"未惜头颅新故国，甘将热血沃中华"。

新中国成立之初，继由著名演员石联星饰演女主角的电影《赵一曼》公演之后，在上海，擅长表演西装旗袍戏的沪剧，经过移植改编，将赵一曼的事迹搬上了戏剧舞台。沪剧《赵一曼》的女主角，由上海努力沪剧团（今上海长宁沪剧团的前身）团长顾月珍扮演。据顾月珍女儿解波后来撰写的《梨园往事》一书记载，在1950年9月上海市戏剧研究班结业典礼仪式上，顾月珍观看了电影《赵一曼》。作为一个从旧社会走过来的女演员，顾月珍被赵一曼的英雄事迹所深深震撼："一个女人也可以这样壮烈地演绎一生。"她一次又一次地去美琪电影院观看这部影片，自内心深处产生了要以沪剧的形式来演绎赵一曼英雄事迹的想法。1952年9月，根据电影《赵一曼》版本改编，由顾月珍主演的现代沪剧《赵一曼》在上海隆重上演，开创了戏剧表演历史上表现当代革命英雄的先河。著名作家和戏剧家、时任华东局宣传部副部长的夏衍，称赞这出戏"不容易，演得好"！"戏剧反映这样的英雄人物，是首创，是第一个！"首演结束后，夏衍同志参与了剧本的修改。

由于剧情表现的内容有限，沪剧《赵一曼》在舞台上没法具体展现她在上海的这段革命历程，可是作为上海人民喜闻乐见的地方戏剧，沪剧《赵一曼》留下了这座城市对她的深情缅怀。赵一曼牺牲在东北抗日战场上，而她在中国共产党的诞生地上海留下的英雄业绩，是鲜为人知的。沪剧《赵一曼》开场的第一句台词就是"赵一曼从上海来到了东北"，这"从上海来"四个字，蕴藏着赵一曼一段重要的革命经历。这是一个真实的隐蔽战线革命者的故事。这个故事，直到数十年后《李一氓回忆录》出版之后，才得以向世人披露。二十世纪二三十年代，李一氓同志在上海从事党的地下工作，而赵一曼就是在他的直接领导下，参与了1930年5月在上海召开的苏维埃全国代表大会的组织保卫工作。据李一氓同志在回忆录中回忆，这次苏维埃全国代表大会是用中共中央和中华全国总工会的名义召集的。其会场，设在卡尔顿戏院背后，今凤阳路上的一排楼房内。当时的中央领导同志决定由李一氓做这个开会房子的主人。为了更好地掩护，又确定由两位刚从苏联回国不久的中共党员赵毅敏和李一超（赵一曼）伪装成李一氓的弟弟和妹妹。直到晚年，李一氓对李一超仍然有很好的印象。李一氓写道："她性格爽朗，是四川人，又姓李，所以我们同志、同乡、同宗的关系很好。"苏维埃全国代表大会结束后，以李一氓为首的这个"家庭"便解散了。直到1950年电影《赵一曼》在全国各地上映后，赵一曼的英雄事迹被广泛传颂，此时已在新中国外交战线工作的李一氓，方才明白赵一曼就是二十年前他的"妹妹"李一超！对此，《李一氓回忆录》为我们留下了以下这么一段深情、令人感慨万千的文字："现在一些关于赵一曼生平事迹的叙述，无论是在她牺牲的珠河县，还是她出生的宜宾县，都没有她参加苏维埃代表大会、作为我李家的家庭成员的一段，大概现在知道她这段短期生活的，除了赵毅敏（新中国成立前也在东北工作，新中国成立后曾任中联部副部长）和我以外，已没有什么人了。"

当萧红迅速成长为一名真正的作家时，赵一曼却来到白雪皑皑的深山老林中的珠河游击区（今尚志市），担任中共珠河中心县委委员兼铁北区委书记、东北人民革命军（不久后的东北抗日联军）第三军第一师第二团政委，成为叱咤风云的一代抗日名将。此时此刻的赵一曼，虽然没有条件再来阅读鲁迅先生那匕首一般向旧社会、侵略者宣战的檄文，也无法读到经鲁迅先生亲为作序、走红左翼文坛和抗战文艺阵营的萧红的《生死场》，但在她转战白山黑水率领的抗日指战员中，就有萧红笔下那些质朴而又深怀民族大义、为祖国和黑土地浴血奋战的农民，一群不再愚昧落后对国家对民族麻木不仁的原生态农民。

1935年11月，同时也是在20世纪中外文坛那部大放异彩的小说《生死场》出版的当月，距萧红故乡百里远的珠河，冒着零下二三十摄氏度严寒和漫天大雪，刚满三十岁的赵一曼，在与步步"围剿"而来的日伪军英勇作战中受伤被俘。次年8月2日，还是在珠河，没能从其口中获得一字半句真情的日寇，极其残忍地杀害了她。

1936年8月2日凌晨，在即将被押上去珠河刑场的囚车时，赵一曼用受伤的手留下了自被捕以来仅有的两张字条，这也是她一生中留存下来的最后的文字。令侵略者大失所望的是，两张字条都是留给她幼小的儿子的。

慑于一个伟大母亲的尊严，同样有着自己后代的日寇，将字条原件及日文译文保存下来，装入他们的档案（现存哈尔滨道里霁虹桥的东北烈士纪念馆）。令侵略者大为不解，也不得不敬佩万分的是，在长达十四年的东北人民反抗他们入侵的艰苦卓绝的斗争中，从赵一曼到杨靖宇，从杨靖宇到李兆麟、周保中、赵尚志，这些共产主义理想熏陶出来的东北抗日联军的将领，没有一个低下中国人的高贵头颅。

赵一曼留下的第一张饱含血泪给幼儿的字条如下：

宁儿：

　　母亲对于你没有能尽到教育的责任，实在是遗憾的事情。

　　母亲因为坚决地做了反满抗日的斗争，今天已经到了牺牲的前夕了。

　　母亲和你在生前是永远没有再见的机会了。希望你，宁儿啊！赶快成人，来安慰你地下的母亲！我最亲爱的孩子啊！母亲不用千言万语来教育你，只用实行来教育你。

　　在你长大成人之后，希望不要忘记你的母亲是为国而牺牲的！

　　　　　　　　　　　　　　　一九三六年八月二日

　　　　　　　　　　　你的母亲赵一曼于（囚）车中

在步下刑车临受刑时，三十一岁的年轻母亲赵一曼，又为她留在南国大地上的宁儿写下另一段文字，一段同样是感人肺腑，满含对祖国的未来——自己的后代的爱与希望的文字。赵一曼依然视死如归地写道：

　　亲爱的我的可怜的孩子，母亲的死不足惜，可怜的是我的孩子。

　　母亲死后，我的孩子要替代母亲继续斗争，自己壮大成人，来安慰九泉之下的母亲。

140

我的孩子，自己好好学习，就是母亲最后的一线希望。

一九三六年八月二日

在临死前的你的母亲

为着自由，赵一曼牺牲在敌人的屠刀下。如若萧红生前能看到赵一曼留下的这两张充满伟大母爱、充满民族气节的字条，同样为着自由而战，但是历尽坎坷和颠沛流离之苦的萧红，肯定会泪湿满襟，为她后来计拟中的史诗巨著《红楼》增添一个异常光辉灿烂的女共产党人、中华一代新女性形象。

1955年毛泽东在中南海怀仁堂举行的中国人民解放军高级将领授衔授勋仪式上，对昔日的东北抗联第三路军政委、新生的共和国水电部副部长冯仲云发出由衷的感叹："你们东北抗联比我们中央红军长征还要艰苦！"

东北抗联的将士处在超过五十万之众、装备精良的日本关东军的重重"围剿"之中，而且从来没有形成一块完整的根据地，与建立起起码的后勤保障，还有零下三四十摄氏度以下的极端严寒气温。

六

同样是在二十岁的年华，北方的萧红也选择了叛离家庭的道路。时间也恰恰是在8月。

为了躲避那个好吸食大烟的官僚地主纨绔子弟的逼婚，萧红不得不与家庭决裂，出逃古都北平求学。

离家出走，对于20世纪初期的青年女性来说，是一条布满荆棘的危险之路。动荡战乱的时局，社会顽固陈腐的观念，无不为她们的每一步都设下羁绊和陷阱，尤其是试图以求学读书换取一份自由的那些青年女性，更是难得安生。所谓读书，不过是她们出走寻求理想境界的一种寄托而已。事实上，无论是谁，也都很难找到一座平静的校园来安放一张平静的书桌。

在宜宾女中上学时，赵一曼就饱受弥漫着封建道德气味的窒息，无疑，她从长兄的高压下逃离出来，却又落入另一张失却精神自由的罗网。这对于她来说，是难以容忍的。

时值风起云涌的大革命洪流席卷长江两岸，连绵战争动乱年代中国发生的事情，让赵一曼清晰地认识到争自由争女权的斗争，必须融入反帝反封建的时代浪潮中去。没有民族的自由，就不会有真正的自由；没有国家的独立，就不可能有个体人格的真正独立。

这是赵一曼思想境界一次质的升华和转折。她的自由观，已经从本能的自发状态，进入理性的自觉状态。

萧红离家求学的经历，没有赵一曼那般越是艰难越是高涨的态势。她来到哈尔滨，进而跟表哥陆振舜结伴，转赴北平租了两间带院落的小屋，在北师大附中找了一个空位，成天捧着书本直发呆……终因没有经济上的接续，她被迫回到了呼兰。父亲怕她再跑，派人押送她到阿城乡下家族开的一个名叫福昌号屯的商铺暂居。在这里，萧红耳濡目染农民的疾苦和不幸，特别是地主老财百般欺压佃农的累累罪行。也正是在这里，与父亲将她严加关押的初衷背道而驰：她的叛逃之心不但没有片刻停顿，相反，她在这里找到了日后写作的小说《王阿嫂的死》《夜风》《看风筝》，以及三年后在鲁迅亲手扶植下出版的成名作，那部扬名抗日阵营，日后在20世纪中外文坛熠熠闪光的抗日小说《生死场》最具说服力、有着东北农村浓郁生活气息的素材与生命之源。

萧红又逃了，在同情她的姑姑和七婶的帮助下，是坐在长工往城里运送大白菜的马车里出逃的。在滴水成冰的哈尔滨街头，举目无亲的萧红得不到任何人的帮助。这，正是应验了两年后萧红在自己创作的《生死场》中着意刻画的那番"人和动物一起忙着生，忙着死"的原始生存状态，在让读者见识小人物"生的坚强，死的挣扎"反抗精神的同时，还看到了当时社会中周遭人们对小人物反抗的漠视。最终，走投无路、万般无奈之下，萧红不得不与本是逃婚抗婚的那个"未婚夫"，在哈尔滨道外十六道街的一所名叫东兴顺的旅馆开始了同居。待到她怀孕时，日本侵略军的铁蹄已经践踏了这座号称东方小巴黎和东方莫斯科的美丽城市，整个东三省的大地沦陷了！继而，坐吃山空的纨绔子弟"未婚夫"抛弃了她。之后，作为抵押六百块大洋的人质，她被旅馆老板看管在二楼顶端一间阴暗潮湿的储藏间里，欲将其卖往"圈儿楼（妓院）"以顶债。

萧红的命运过于凄惨了：在生她养她的那个家庭里，她失去了精神自由；而在这个浑浑噩噩的世道里，如今，她竟连生存的自由也失去了。

幸好萧红手中握有一支听使唤并令社会正义之士同情的笔，她在绝望中拼尽全身力气发出的渴求生存和自由的呐喊，终于有了回音。在哈尔滨突如其来的一场特大洪水灾难面前，因祸得福，她得救了！是在热心肠的《国际协报》副刊主编老斐的组织与发动下，舒群、萧军、方未艾等热血青年将她从洪水里救出来的……继而，侠义心肠的辽西汉子萧军，和肚子里怀着前一个男人骨血的她缔结婚姻，开始了新的同居生活。萧红是幸运的，幸运的萧红依托着萧军的敦厚肩膀，一路颠沛流离，历尽人生艰辛，以及不容他们立足的日伪当局和号称"自己人"的国民党统治者鹰犬一次又一次的迫害，来到了鲁迅身边，最终锻冶成抵抗日本侵略的文学战线上的一名杰出战士。

赵一曼的婚姻没有萧红那般坎坷，而且也缺少那个时代女性特有的浪漫。

赵一曼敬大姐夫郑佑之如敬恩师，郑佑之待她却有别一样的情感。不久，赵一曼大姐病故，郑佑之终于把隐藏在心里的念头释放出来。不料，话刚一出口，就遭到了赵一曼的一口回绝。令郑佑之万万不能理解的是，本以为水到渠成、顺理成章的事，为何吃了闭门羹？

在赵一曼的心灵深处，有一条泾渭分明的界线：敬是敬，爱是爱，她敬他，但她不会成为他续弦的理想对象！

1927年9月，同船从上海开赴海参崴赴莫斯科中山大学深造的学员里，赵一曼和黄埔六期学生陈达邦情意相投，一见如故。到了莫斯科，他们形影不离，感情日深。这是赵一曼第一次恋爱，也是她平生唯一不能忘怀的恋情。

在莫斯科郊外大雪漫天飞舞的白桦林中，在窗玻璃上聚积着美丽冰雪花的小木屋里，她与他品尝到了人世间最美好的情感与幸福。然而，这样的生活仅仅持续了一年零三个月的短暂时间。在中国共产党领导的八一南昌起义的感召下，赵一曼坚决地向组织上提出了回国的要求。陈达邦劝不住她，大风雪拽不住她，她怀着身孕回到了苦难深重的祖国，回到了白色恐怖遍布的国民党统治区。她从来也没有想过要在祖国以外的任何一个地方，去享受那份并不属于她的自由。她那独立的人格和解放全人类的火热胸怀，驱使她必须割舍她不愿割舍的爱巢，投入贫穷落后、满目疮痍的祖国母亲的怀抱。

萧红一生没有留下赵一曼那种刻骨铭心的爱，尽管在她短暂的三十一年人生中，先后经历了三个男人。第一个男人玩弄并抛弃了她，给她留下至死也难以治愈的伤痛。而后两个男人与她一样，都是著名作家。不是她没有爱，而是她漂泊的心难以找到栖息之处。她曾把全部的爱寄托给有恩于她的男人，却又不肯扔掉她那支心爱的笔去操持那个难以操持的炉灶；她曾幻想用笔下构筑的人生图景，去换得一个恬淡而又自尊的家园，然而，残酷的现实又让她濒于绝望。诚如她在东京留学期间写下的那首名叫《沙粒》的诗中所期盼的"理想的白马骑不得，梦中的爱人爱不得"一样。

有人说萧红"心比天高，命比纸薄"，其实萧红的心扉，犹如阳光照射下的窗户一样明亮。人们不难看出她那颗洁净的心是用人格和自尊托起来的，她求索的不过是一颗和她一样的心。然而，这样的心，在她的三十一年短暂人生中只是昙花一现而已。就是这昙花一现的心，也仅仅只有第二任夫君——解救她出水深火热，又带领她来到鲁迅身边的萧军才具有。这样的心并没有持续多久……最终，反而又成了周遭人冷眼中的奢求。

这里，我们见到了赵一曼和萧红那种"若为自由故，二者皆可抛"的不断奋争，在那个年月，这也许是中国许多人生悲剧中永恒的主题。

多少年来，赵一曼留给人们的是风吹密发、红衣白马、手握双枪、横眉立目冲杀中的威猛形象，就连当时敌伪的报纸也惊呼惊传："赵一曼是骑马挥刀的红衣女侠。"

殊不知，这样的赵一曼是被残酷的侵略与反侵略的环境演绎神化了的女英雄。无论是那个年代的人，还是后来的人也无不这样认为：赵一曼就该是这种顶天立地的大英雄模样。

是的，在大都市哈尔滨担负地下工作的险恶环境下，在统兵抗御日寇侵略的生死战场上，赵一曼曾一度身着红衣，英武中平添一份女性的妩媚。在这里，我们不妨摘录一段方未艾老人有关当年他与赵一曼接头时场景的回忆文字："她一身古铜色的西式衣裙，穿一双深褐色的高跟皮鞋；她坐在一条长椅上，黄色微白的脸颊泛起微笑。她给人最初的印象很像书香门第的小姐，有一种高贵飘逸的风度……"

这就是赵一曼，活生生爱美爱梳妆打扮的女人赵一曼！不只是为了从事地下斗争残酷环境的需要，也是出于一个时代知识女性的本能。

1933年5月某一天，在哈尔滨道里区新城大街公园，赵一曼在等候新加入地下党战斗队伍的方未艾到来，她要给这个东北陆军讲武堂出身、"九一八"后图谋发动兵变遭惨败的热血青年好好上一课：社会发展史、哲学……

"5月的一天，赵一曼穿着一身华丽的衣服，嘴唇像薄薄地涂抹了一层口红。她邀方未艾到松花江上划船。赵一曼坐在船头，方未艾坐在船中间，他们划着双桨，向太阳岛驶去。赵一曼望着微波荡漾的水面，低吟着扬子江船歌。"这是方未艾的儿子依据其父晚年的口述，为我们实录下的一个鲜为人知的动人场景。

啊，我们见到的分明是一位高雅清秀的女人，是一位在冰天雪地的北国残酷黑暗里，依然未失去红颜的女人。这一天，是赵一曼告别挚友，告别都市，奔赴珠河抗日游击区的一天。她坦然自若，温情如春，她终究是一位不失本色的女人，而且还是一位有着独特东方神韵的知识女性。

方未艾告诉我们，赵一曼最爱读的是鲁迅先生的作品，遗憾的是她没能像萧红那样坐在鲁迅身边，倾听先生的教诲，哪怕是一次简短的会面也好。

在笔者的记忆中，1988年6月22日萧军逝世后，时年八十二岁的方未艾在向人们谈及萧红与萧军有幸成为鲁迅学生，并在鲁迅先生精心扶持下出版了两部旗帜鲜明反抗日本侵略的小说《生死场》与《八月的乡村》的同时，也曾谈及抗日民族英雄赵一曼生前喜爱的鲁迅作品，例如鲁迅先生早期的那两个寓意深远的《狂人日记》与《阿Q正传》。只是，喜爱鲁迅作品的赵一曼，无缘像萧红那样直接得到鲁迅的关爱与真传，但她的为祖国为民族英勇献身的精神，同样具有鲁迅身上凸显的民族魂的特质。

萧红呢？当年却凭着她的那点有限的自由，在萧军的带领下，历尽艰难险阻，走出荆天棘地的伪满洲国，走出不容沦陷区热血抗日青年立足的国民党特务鹰犬遍布的青岛，千里迢迢来到上海向鲁迅求教，那段时光，是萧红一生难以忘怀的。这也是她为什么会在弥留时刻，向自己的最后一任丈夫端木蕻良，以及一直守护在病榻前的东北青年左翼作家骆宾基，郑重提出她死后，将来条件许可了，把她的骨灰运回上海去，葬在鲁迅坟墓一侧的缘由。

1935年11月6日，萧红和萧军应邀第一次来到鲁迅先生家做客，鲁迅便向他们敞开心扉。萧红曾经回忆道："那夜，和鲁迅先生和许广平先生一道坐在长桌旁边喝茶的。当夜谈了许多关于伪满帝国的事情，从饭后谈起，一直谈到9点钟10点钟而后11点钟……"

曾经彼此素不相识、天各一方的萧红和鲁迅，从此结成了一段人世间弥足珍贵的忘年之交。这忘年交，令萧红情不自禁地回想起过世多年、对自己疼爱有加的祖父，这对于失却家园、身处南国异乡中的人来说，宛如寻找到了一个温馨可亲的家。尽管这个温馨可亲的家只持续了一年多一点，但对于萧红来说足矣。而这个真正温馨可亲的家，是既有物质的，更有精神上的。在鲁迅身边，萧红用心深刻领会到了这一点。这，可以从她1939年在日日遭受日军飞机轰炸的重庆所写的《回忆鲁迅先生》的中篇纪实散文中得到印证。

<h1 style="text-align:center">七</h1>

赵一曼英勇牺牲在敌人的屠刀下，萧红不幸贫病交加惨殁于日寇铁蹄占领下的香港，二人告别人世的年龄都是三十一岁。一个死得壮烈无比，一个死得痛苦不堪。即将告别人世已经很难说话的萧红，在病榻上挣扎着坐起身子，从自日寇发动太平洋战争与进攻香港开始就一直陪伴在自己病榻旁的骆宾基手中接过笔，写下了她的最后一束文字："我将与蓝天碧水永处，留得那半部红楼给别人写了。半生尽遭白眼冷遇，身先死，不甘，不甘……"

赵一曼是"为祖国而牺牲的"，萧红则遗憾"留得那半部红楼给别人写了"。

论及萧红临终时念念不忘的"那半部红楼"，乃是指她在五年前鲁迅先生家中，与鲁迅先生及其胞弟周建人先生，还有她当时的战友、曾经的患难夫君萧军同桌就餐时，聆听经历过二万五千里长征的中共中央特派员、著名湖畔诗人、杂文家、寓言家冯雪峰讲述红军长征的动人故事后，相隔五年，在香港病榻上向陪伴在她身旁的东北老乡骆宾基一再强调的：一俟将来她病愈，并在打败入侵者之后，会同曾经朝夕相处、有着共同目标的战友、著名左翼作家丁玲、聂绀弩、萧军以及自病重以来一直陪护在床头的骆宾基等人一起，遍访红军长征走过的雪山草地大渡河，而拟续写的一部划时代的史诗作品。更有去世前半年，萧红高扬爱国御侮大旗，发表在香港《时代文学》与《大公报》上气吞山河的《给流亡异地的东北同胞书》与《"九一八"致弟弟书》等为证。

在这四年前，当全面抗战爆发后，萧红毅然决然地将友人李洁吾发自已经深陷于日本侵略军全面包围中的北平的来信，以"来信"形式发表于1937年8月5日出版的《中流》第2卷第10期上。对国民党当局限制爱国抗日军队全面抗日，以及汉奸走狗的无耻行径来了个无情揭露。在这封"来信"的按语中，深得鲁迅真传的萧红，用鲁迅先生惯用的幽默而又辛辣的笔调，对眼前这个消极抗日的国民政府"发些个不自由的议论"：

> 住在上海的租界里，我们是看不到那真实的斗争，所知道的也就是报纸上或朋友们的信件上所说的。若来发些个不自由的议论，或是写些个有限度的感想，倒不如把这身所直受的人的话语抄写在这里。

李洁吾先生7月19日发自围城北平来信的内容，同样以鲁迅式的犀利笔锋，无情地揭露和痛斥了发生在围城中的一些极不正常的现象：

> 这里的事件（卢沟桥事变——引者注）直到现在仍是很混沌，在"人家"大军从四面八方包围来了的声中，当局还在不断地放出和平有望的空气。……
> 一般汉奸走狗们的活动得非常有劲，和平解决的侧面折冲还在天津进行。双方所折冲的是什么，虽有种种传说，但都不能信实，不过前几天，当局发表的谈话和布告，说这次

事件是局部的问题，拒绝慰劳，禁止募捐，不许有爱国的组织与行动等看来，也很看出我们当局的意向了。可惜的是，我们虽具"和平"诚意，却不能遏止"人家"占领的决心！等到大军配备好了的时候，"哀的美顿"书会立刻提出来的。

那时日也不会再延到多久。

昨天又听到这样的谣言，是汉奸们向廿九军宣传：

一、不受共产党的挑拨。

二、不为东北人利用。

三、不做十九路军第二。

他们的理由是中日邦交本不坏，只因共党从中捣鬼而弄坏了；东北人年来高喊"打回老家去"，一旦打回去也只是东北人回到故乡，别人得不到好处；看到十九路军单独抗战的结果，只是单独牺牲。特别是第三项，好似很能打动当局的心。

…………

读了上文，我们不能不为萧红身上凸显的中华优秀儿女无所畏惧，从容撰文，反侵略反当局不抵抗政策爱憎分明的热血情怀，所深深感动。在这里，萧红一反一年多前在东京留学时期苦苦追索的个体人的自由，将其上升到了国家、民族的高度：她将北平友人李洁吾痛斥汉奸走狗，痛斥蒋氏国民政府执行媚日绥靖不抵抗政策，离间、攻击中国共产党和真正抗日爱国军队丑行的来信，予以公开发表的做法，本身就是最好不过的说明。

在这里，我们见证了一个在思想上政治上乃至灵魂上都升华了的萧红：面对侵略者的磨刀霍霍，冥冥中，心有灵犀一点通，她把赵一曼四年前殷殷期盼而方未艾不及转告她的"有机会你对他们做些忠告，孤军作战，自由是自由，但不如加入团体作战力量大"的肺腑之言，化作了实实在在的行动。

民族危亡时刻，二人的心是相通的。

八

赵一曼是中国共产党的早期党员，同时又经历过严格的军校训练生涯。蒋介石背叛革命发动四一二反革命政变后，赵一曼毅然加入叶挺独立团，参加讨伐效忠于南京蒋介石政权的叛军夏斗寅的西征。西征归后不久，汪精卫步蒋介石后尘叛变革命，武汉军校解散后，共产党人赵一曼编入第二方面军军官教导团东征讨蒋。之后，她化装进入上海，并由组织派遣前往苏联莫斯科中山大学深造。一年后，她与同为共产党员、当初一同来莫斯科中山大学学习、尚在进一步深造的丈夫陈达邦告别，回国参加多地党组织的地下斗争。日寇发动侵占我东三省的九一八事变后，她自南方来到冰天雪地的东北沦陷区，在沈阳、哈尔滨等地继续从事更为艰险的地下工作。后主动请缨奔赴珠河抗日游击区率兵抗击日寇，担任东北人民革命军（抗日联军）第三军第一师第二团政治委员。在这里，本名李坤泰的她开始使用"赵一曼"这个名字。由于她指挥出色，威震四方，一时间，"哈东二赵"——赵一曼和她的上级、同为中国共产党党员的东北人民革命军第三军军长赵尚志，成为日本关东军必欲除之的两个心腹大患。

1935年11月14日，因汉奸告密，赵一曼所在的抗联第三军第二团在珠河北面的左撇子沟被日伪军团团包围。赵一曼率五十余名指战员坚守在第一线，连续打退敌人多次进攻。弹尽粮绝之际，她说服团长王惠桐带领大部队趁天黑突围，自己仅带少数几个战士掩护。激烈的战斗中，赵一曼左手腕被子弹击穿，后在小西北沟隐蔽养伤时复遭日伪军层层包围。在11月22日的再次激战中，赵一曼的腿部被多发子弹击中，最终昏倒在地，不幸被俘。

当日本特务大野泰治提审身负重伤的赵一曼时，他惊骇地见到的一幕是："她平静地抬起头来看着我，看见她那令人望而生畏的目光，我情不自禁地倒退了两三步……"二十年后，1956年，在辽宁抚顺，中华人民共和国特别军事法庭审判日本战犯的法庭上，大野泰治仍然清晰而又心有余悸地记得当年他见到赵一曼时那一瞬间的感受。

赵一曼被俘后，凶残无比的日寇无视海牙国际公法，不顾赵一曼是濒死的重伤战俘，仍然夜以继日地施以酷刑。然而，赵一曼总是昂着不屈的头颅掷地有声地回答："反满抗日，就是我的目的、主义、信念……"一个月后，赵一曼被折磨得奄奄一息，仍然心存幻想的日寇被迫将她押送到哈尔滨市立医院抢救。当时留存下来的X光片显示：赵一曼被七九式步枪子弹击穿的大腿骨，竟然碎成了二十四片，浑身上下伤痕累累。后来缴获的日寇来不及销毁的档案记载表明：直到牺牲，负责审讯的日本关东军特高课也没有弄清楚她的真实情况，包括她的真实姓名与籍贯。1950年，由著名话剧电影演员石联星主演的电影《赵一曼》公开上演，还原了当年赵一曼气壮山河、视死如归的一幕。从此，赵一曼烈士的事迹广为人知。

就在医院接受治疗的短暂时间内，赵一曼不忘自己肩负的责任，充分利用各种机会，向看守她的警察董宪勋和女护士韩勇义宣传反满抗日救国的大道理。一边宣传，还一边将自己和东北人民革命军英勇抗击日寇的生动故事，写在药品的包装纸上，进一步启发教育他们。后者听后深受感动，并且很快萌生帮助赵一曼逃离虎口的想法。1936年6月28日，一个大雨倾盆的夜晚，董宪勋和韩勇义二人一左一右，艰难地架扶着赵一曼上了一挂事先雇好的马车逃离了医院。在这样一个大雨倾盆的恶劣天气里，他们虽然逃离了医院，却无法顺利地走过横在面前的阿什河：因为正是这场倾盆大雨，冲毁了架在阿什河上的万缘桥。于是，二人只得蹚水抬着她过河，然而，这样一来，却大大减缓了他们逃离的速度。6月30日，在艰难地行进到距离珠河游击区仅十多公里处，一个名叫金家窝棚的小屯子，赵一曼，还有受她熏陶教育投身革命阵营的两位新战士，被寻踪而来的日寇抓获并被押解回哈尔滨。赵一曼又一次落入日寇的魔爪。

面对疯狂追来的敌人，她无限深情地劝说这两个在她的感召之下毅然随她逃脱的青年："一切都是我，什么也别承认！往我身上推，就说你们是逃婚让我骗出来的！"两个刚毅的年轻人，并没有往她身上推卸，因为矗立在他们眼前的，不仅仅是一位在日寇的残酷折磨下视死如归的共产党员、民族女英雄，而且还是浑身释放出人世间大爱的神圣母亲。

虽然没有武器，但是，赵一曼这一次险些逃亡成功的举动，给了日寇又一次羞辱，而且是一次莫大的羞辱：才短短几天的住院治疗时间，赵一曼居然能够策反看守她的警察和看上去少不更事、年仅十六岁的女护士。中国共产党人的言传身教，令敌人胆战心惊，不啻射向他们这些打着"大东亚共荣"旗号的侵略者的一支穿心利箭。

在伪满哈尔滨市特别警察厅毛骨悚然的刑讯室里，恼羞成怒的日寇使用种种刑讯手段，残酷地轮番折磨赵一曼……新中国成立后，人民政府抓获参与严刑折磨赵一曼的主凶、绰号"活阎王"的汉奸警察头子吴树桂。尽管十多年的时间过去了，仍然心有余悸的吴树桂在人民法庭上供述："赵一曼简直就是一块铁……"

确确实实，赵一曼就是一块铁，一块千锤万击永不变形的钢铁。

历史留下了真实的一页，气吞山河的一页。

哈尔滨市南岗区霁虹桥西南侧，道里区与南岗区交界处，新中国成立后，以赵一曼烈士命名的一曼街241号，矗立着一座年代已久的深灰色建筑物，那就是新中国成立后设立的东北烈士纪念馆。1933年至1945年，这里曾经是伪满哈尔滨市特别警察厅，抗日民族英雄赵一曼就是在这座房子里遭受了惨绝人寰的酷刑。

据敌伪档案《滨江省警务厅关于赵一曼女士的情况报告》记载，

在这里，以日本关东军特务山浦公久和大野泰治为首的法西斯特别行刑组，前后采用几十种酷刑对赵一曼进行了惨无人道的刑讯，但自始至终，赵一曼都表现出一个共产党人特有的坚忍，以极其轻蔑的目光怒视着凶残、无耻的入侵者。无论遭受怎样的折磨，她都没有低下中国人高贵的头颅。

泛黄的档案资料，字里行间浸满血泪，不忍卒读——

> 把竹签一根一根地扎进指（趾）甲缝内，再一根一根拔出来，换成更粗更长的签子再一根一根扎进指（趾）甲缝内，再改用铁签，烧红后扎进一个个指（趾）甲缝内；最后，把翘裂开的手指、脚指甲一片片拔下来，用钳子反复敲打指头，把一个个带血的残废指头慢慢浸入盐水桶里……从下午一直行刑到深夜。

还有令受刑者万箭钻心的高压电刑……

纵然是使尽各种酷刑，但对赵一曼还是一个都不奏效！敌人失败了。

在敌人的严刑折磨之下，昔日那个令日寇魂飞魄散的鲜活生命，仅剩下一丝微弱的气息，她体无完肤，多处伤口溃烂露出白骨……为了从赵一曼紧闭着的嘴唇里榨出他们永远不可能获得的抗联情报，丧心病狂的敌人不惜大量使用强心剂和樟脑酊，致使赵一曼全身中毒，各种脏器衰竭……

赵一曼告别了人世，但她的精神永存。

赵一曼象征着中华民族的不屈精神。

受赵一曼熏陶教育迅速成长为革命战士的董宪勋与韩勇义，在敌人面前的表现，同样是英勇坚强：董宪勋惨死于狱中酷刑，至死也不认领什么"罪"；而青春年少的韩勇义也屡遭摧残，虽然敌人最终以"从犯"的名义假发慈悲释放了她，但是她已经被折磨得奄奄一息，一年四季疾病缠身，最终不幸于新中国成立前夕病逝，年仅二十九岁。她看到了自己身处的美丽富饶的东三省大地，回到了祖国母亲的怀抱，看到了中国共产党领导的、完全由人民当家做主的、自由自在生活在蓝天白云下的新东北。

九

　　萧红没去过前线，但她以其他方式为中国人民夺取抗日战争的胜利贡献力量。迎着"八一三"日寇在上海发动的扩大南中国战争的纷飞炮火，丝毫不顾及自身安危的萧红，铁肩担道义，挺身而出，四处奔走，将既遭日本特务机关追捕，又遭租界当局与周围中国人出自本能的仇视夹击的两位日本反战人士鹿地亘与池田幸子夫妇一再予以保护。当时的险恶环境是，"八一三"中日交战后，鹿地夫妇被迫搬离了中国人的聚居地，因为对于日本侵略军对中国的大举侵犯和烧杀抢掠，周边中国老百姓的仇日情绪日益高涨，说不定哪一天，夫妇俩会被愤怒的中国人当作日本间谍加以追杀。他们又不能回到日本人居住的北四川路去。这是因为，在那边，日本人把他们当作中国间谍来对待……一天晚上，鹿地夫妇就被萧红安排在自己家中。萧红是准备承担风险的，但是她又不得不考虑这两位日本反战人士的安危。然而，萧红的住处同样充满凶险：邻居都知道他们是日本人，何况附近还住着一个在法国巡捕房当差的白俄巡捕。于是，萧红又送他们到住房比较宽敞、从事抗日救亡工作的一位爱国人士家中。鹿地夫妇在这家人家住了一个来月后，麻烦又来了，他们因收留日本人被当作汉奸，加上鹿地又到处宣传他的反战主张，引起了日本暗探的注意。不得已，萧红几经奔波，通过关系将他们安排进了各国侨民居住的一家旅馆。尽管十分危险，但是不怕死的萧红依旧天天去旅馆探望他们，直到鹿地夫妇离开上海。池田幸子对于自己和丈夫于生死关头能够得到萧红他们如此无私、真诚的帮助十分感激。在萧红、萧军等人身上，鹿地夫妇见到了中国人民的真挚友情，从而进一步坚定了他们为发展中日两国人民的友好关系贡献自己的力量，为尽快结束由日本军国主义者掀起的这场罪恶战争做自己力所能及的工作的信心和决心。之后不久，在抵达武汉后，鹿地夫妇带领日本反战同盟成员，在郭沫若领导的国民政府国防部第三厅工作人员的陪同下，不断前往两军交战的前沿阵地，冒着纷飞的炮火，手握扩音喊话器，鼓动日本侵华官兵反战。为此，萧红曾经写过一篇《记鹿地夫妇》的纪实散文，形象地记载了她与处在危难境地中的鹿地亘与池田幸子这对反战夫妇的交往和友谊。

为让两位日本反战友人免遭抓捕与杀害，萧红全然不顾自身安危，把两位日本友人手中的危险品一股脑儿包起带走。后来，她在写于"一九三八，二，廿日，临汾"的纪实文章《记鹿地夫妇》中，翔实地还原了一年半前她身临其境的这一幕：

有一天下午，我陪着他们谈了两个多钟头，对于这一点点时间，他们是怎样的感激呀！我临走时说：

"明天有工夫，我早点来看你们，或者是上午。"

尤其是池田立刻说谢谢，并且立刻和我握握手。

第二天我又来迟了，池田不在房里。鹿地一看到我，就从桌上摸到一块白纸条。他摇一摇手，而后他在纸条上写着：

今天下午有巡捕在门外偷听了，一下午英国巡捕（印度巡捕），中国巡捕，从一点钟起停到五点钟才走。

但最感动我的是他在纸条上出现着这样的字：今天我决心被捕。

"这被捕不被捕，怎能是你决心不决心的呢？"这话我不能对他说，因为我知道他用的是日本文法。

我又问他打算怎样呢？他说没有办法，池田去到S（指胡风先生——引者注）家里。

那个时候经济也没有了，证明书还没有消息，租界上日本有追捕日本或韩国人的自由。想要脱离租界，而又一步不能脱离。到中国地去，要被中国人误认作间谍。

他们的生命，就像系在一根线上那么脆弱。

那天晚上，我把他们的日记、文章和诗，包集起来带着离开他们。我说：

"假使日本人把你们捉回去，说你们帮助中国，总是没有证据的呀！"

我想我还是赶快走的好，把这些致命的东西快些带开。

临走时我和他握握手，我说不怕。至于怕不怕，下一秒钟谁都没有把握。但我是说了，就像说给站在狼洞里边的孩子一样。

萧红逝世四年后，1946年7月1日，鲁迅夫人许广平先生在上海出版的《文艺复兴》杂志上发表《追忆萧红》一文，在论及九年前日本友人池田幸子向她告知的萧红这一壮举时写道："战争的严重性一天天在增重，两国人的界限也一天天更分明，谣言我寓里是容留二三十人的一个机关，迫使我不得不把鹿地先生们送到旅舍。他们寸步不敢移动，周围全是监视的人们，没有一个中国的友人敢和他们见面。这时候，唯一敢于探视的就是萧红和刘军两先生，尤以萧先生是女性，出入更较方便，这样使得鹿地先生们方便许多。也就是说，在患难生死之际，萧红先生是置之度外地为朋友奔走，超乎利害之外的正义感弥漫着她的心头，在这里我们看到她并不软弱，而益见其坚毅不拔，是极端发扬中国固有道德，为朋友急难的弥足珍贵的精神。"

萧红另一具有深远历史意义的义举是，萧军的长篇小说《八月的乡村》，若非萧红为之甘作嫁衣裳，以及力阻陷于狂躁不安中的萧军试图将其付之一炬的愚蠢念头，那么，这部日后"显示着中国的一份和全部，现在和未来""不容于中华民国"（鲁迅语），却享誉海内外的20世纪经典著作，也就灰飞烟灭了。

能说明问题的另一个闪光点是，1938年5月，萧红与最后一任夫君端木蕻良在武汉筹划结婚时，"为了给萧红一个名分"，端木蕻良提出去武汉国民政府的相应办事机构办理一下结婚登记手续。不料，萧红听后当即表示反对，反对的理由十分干脆决绝："这个政府不抗日！"与此同时，九个月前曾在上海中日开战时获得萧红宝贵救助的日本反战友人池田幸子（此时的她，与丈夫鹿地亘一同被聘为国民政府国防部三厅专事反战宣传的设计委员），给萧红送来一块甚是贵重的旗袍料子当作贺礼。池田幸子还告诉萧红，这是在国民政府任职的一位大官——行政院院长孙科送给她的……然而，当萧红知道这块料子的来历后，便以夏季来临料子太厚为借口将其搁置一边，自己另买了一块红纱底金绒花的旗袍料子做婚服。萧红的爱憎是那么分明。

面对穷凶极恶的日寇不断的残酷折磨，赵一曼烈士脸不改色心不跳，给自己的幼儿留下了承继革命传统、永葆革命青春的文字。萧红在生命的火焰即将燃尽的时刻，心中念念不忘的，乃是书写红军二万五千里长征的宏大心愿；还有在她死后，将她的遗体安葬在"民族魂"鲁迅脚下的郑重嘱托……

她们在心底里时时刻刻地呼喊着：祖国万岁！自由万岁！

在20世纪的中国，这一文一武两位女性的心是相通的，尽管她们一度相遇而不曾相谈……

匈牙利著名爱国诗人裴多菲有一句脍炙人口的人生格言：生命诚可贵，爱情价更高；若为自由故，二者皆可抛。

毋庸置疑，英姿飒爽的抗日名将赵一曼，文坛多情才女萧红，她们双双实践了裴多菲的这句人生格言。

十

　　赵一曼烈士牺牲六年后，她的丈夫陈达邦从苏联回国。回国后，陈达邦与姐姐——1930年的上海党中央机关工作人员、中共中央五大书记之一任弼时同志的夫人陈琮英（新中国成立初期任中共中央办公厅机要局负责人）一起，一直在寻找妻子李坤泰，但一直无果。直到1954年，在赵一曼二姐李坤杰的不懈努力下，赵一曼哈尔滨地下工作时的战友与上级领导、原中共满洲省委组织部部长、时任国务院宗教事务管理局局长何成湘，在仔细辨认李坤杰提供的赵一曼母子合影后，最终确认四年来在全国各地一直热演的电影《赵一曼》的原型，就是李坤泰本人。多年来，同样在寻找昔日战友身世的何成湘同志，告诉受赵一曼二姐李坤杰委托寻踪的一位同志："巧了，我也正想告诉你，电影《赵一曼》里面的主人公，就是姓李，也是四川人，但具体哪里的就不太清楚了，我在满洲省委工作时领导过。九一八事变后，党为了加强对东北抗日工作的领导，决定派一批干部到东北去。1932年，赵一曼和一名姓曹的同志以夫妻名义被派到了东北。"何成湘还告诉来人："1933年4月，赵、曹二人领导了哈尔滨三百多名电车工人大罢工，由于身份暴露，老曹同志被捕牺牲。组织上决定把赵一曼的关系转移到珠河游击区。转移时是我代表省委找赵一曼谈的话。为了能更隐蔽，我当时建议她改姓李，她说她本来就姓李。到了游击区，老百姓都叫赵一曼'瘦李'。后来，她在游击区干得很出色。"

　　受托的同志回到宜宾后，立刻将从何成湘同志那里得到的情况告诉了李坤杰。李坤杰听了，一时很难相信，说："赵一曼？我的幺妹会是抗日英雄赵一曼？"尽管如此，对此将信将疑的李坤杰还是迅速地把照片寄给了何成湘同志。接到照片后，何成湘同志在确认赵一曼就是李坤泰的同时，迅速通知了中共黑龙江省委与哈尔滨的东北烈士纪念馆。紧接着，东北烈士纪念馆给在北京的陈达邦、陈掖贤父子，以及在四川老家的赵一曼二姐李坤杰等人，分别寄去了有关赵一曼就是李坤泰的证明信件。此时，离赵一曼英勇牺牲已十八年了。新中国成立后，陈达邦先后在中国人民银行外事局和国务院参事室工作，他于1967年8月去世。1928年出生、自幼寄养在堂伯父陈岳云家长大的陈掖贤（乳名宁儿），毕业于新中国成立后的中国人民大学外文系。毕业后，任北京工业学校讲授马克思主义哲学原理的政治课教师，1982年去世。陈掖贤生前，民政部门多次通知他前去领取母亲赵一曼的抚恤金，但他一直没去。陈掖贤认为，热血和生命是无价的，千万个"宁儿"今天能够幸福安宁地生活，这已经足够了。陈掖贤说："谦虚做人，绝不以英雄后代自居，更不想沾光。在我的血管里流淌着母亲的热血，肺腑中铭刻着母亲临刑时的嘱托，其他毫无特殊——这是我人生的准则，也是对两个女儿的叮咛。"

抗日女英雄赵一曼，就是四川宜宾籍共产党人李坤泰的消息，一经披露，就有媒体做了进一步寻访英雄踪迹的工作。1956年，《工人日报》的记者何家栋，受赵一曼战友何成湘的委托，拿着李坤泰1930年4月于上海拍摄的母子合影，前往女英雄曾经战斗过的黑龙江省采访并进一步核证。几经周折，记者还意外地找到了当年赵一曼从医院里出逃时，受赵一曼教育成长为革命战士的原伪警察董宪勋雇用的马车车主魏玉恒。后者一看照片，立刻大声说："是她，正是她，没错。"

随着1950年由著名话剧电影演员石联星主演的电影《赵一曼》在全国各地公演，抗日名将赵一曼——忠诚的女地下共产党员李坤泰的民族英雄形象走进了千家万户，教育了一代又一代的共和国公民，迄今依然。

赵一曼有两个孙女，大孙女陈红在宜宾长大，由赵一曼的二姐李坤杰和她的长女肖幼青抚养成人，目前在四川一家交通运输公司负责工会工作；二孙女陈明自幼在北京长大，现旅居匈牙利。她们一直低调地生活、工作，从来没有在他人面前以民族英雄、抗日名将、革命烈士的后代自居，从不获取任何不正当的利益，以至于在很长一个时期内，几乎没有人知晓她们是在全国早已家喻户晓的抗日女英雄赵一曼的后代。毋庸置疑，同她们的祖母一样，她们也是我们这个时代最可爱的人。

萧红先后两次生育，头一次是在1932年的深秋初冬时分，是个女婴。由于无力承担医院生育费用并且无抚养幼儿的能力，女婴生下当日便由医院送了人。若是活着的话，现在也是八十三岁的老妪了。自1981年黑龙江省举行纪念萧红七十周年诞辰大会以来，人们一直在寻找这个弃儿，但一直无果。萧红的第二次生育，是在1938年冬的重庆江津乡下，是她与萧军的亲骨肉，遗憾的是，生下仅三天就不幸夭折了。这个男婴的不幸夭折，几十年来一直是人们探索的一个谜。

这位短暂三十一年人生中持有鲜明的反封建反外来入侵反蒋介石独裁统治立场，并有着特殊建树的抗战女作家、鲁迅先生的忠实女弟子萧红，自其逝世七十多年来，广大读者没有忘记她，人民没有忘记她，党和国家更没有忘记她。

早在新中国成立之初，京、沪两地大型出版社就相继出版了萧红的经典著作《生死场》与《呼兰河传》，且一版再版。

1957年，在香港浅水湾畔萧红墓被毁的关键时刻，党和各级政府迅速做出决定，从北京到香港、广州，一路绿灯：持续数天，隆重迎灵、慰灵，并安葬在刚落成的广州银河烈士公墓，与那些为人民为革命为民族解放为新中国诞生英勇牺牲的先烈一起长眠。

1981年，中共中央书记处在批复黑龙江省委关于举行纪念萧红七十周年诞辰大会的请示时授予萧红"三十年代著名左翼女作家"光荣称号，这是有史以来中国作家中唯一获此殊荣的作家。随后的三十多年里，在女作家的出生地呼兰，与其初涉文坛展露才华的哈尔滨，多次举行有十多个国家和地区的学者、专家参与的纪念暨研讨等大型学术活动。萧红少年时就读过的龙王庙小学旧址上的建设小学，以及青年时就读过的哈尔滨原东省特别区立第一女子中学，即新中国成立后的哈尔滨市第七中学，经省市有关部门批准，分别更名为萧红小学与萧红中学。

进入21世纪，省市有关部门斥资数千万元翻修扩建的面积达7125平方米、含萧红故居在内的萧红纪念馆，成为远近闻名的爱国主义教育基地和中外旅游胜地。萧红的著作一版再版，广为流传，成为深受全国青少年喜爱的课外读物。

十一

笔者撰写此文时，距赵一曼与萧红在哈尔滨中央大街那次不期而遇，时光已经流逝了八十二年，伟大的21世纪也已进入第十五个年头。当年，由于种种原因，方未艾没有能够将民族英雄赵一曼"孤军作战，自由是自由，但不如加入团体作战力量大"的这个忠告，向萧红他们进行转告，但在此后的七十多年间，直至最终在21世纪初告别人世前，方未艾心中无时无刻不在牵挂萧红，并时时为萧红在香港的不幸病逝扼腕叹息。1988年6月22日萧军逝世后，在其老友北京木樨地灵堂里的多次叙谈中，我深切地体会到了已届耄耋之年的方未艾老人内心深处的这一感受。

纵观萧红短暂的三十一年人生，尤其是在她成年成名后的那十多年，人们也见识到了萧红性格的另一面，谓之一个字：偏！我行我素，且从来不听人劝，包括她的无话不谈的女性挚友白朗、梅志等人的劝告；离群孤索，片面追求个人的自由与环境的舒适安宁——这可以从其1936年寒冬在东京写下的长诗《沙粒》中的"理想的白马骑不得，梦中的爱人爱不得"的诗句中得到印证，以至于在不断地铸就她的文学殿堂辉煌成就的同时，也酿就了她的人生悲剧：年仅三十一岁，贫病交加逝世于日寇铁蹄践踏下的香港——要知道，八年前，她可是从日寇侵略者奴役统治下的黑土地故乡逃出来的呀！她还以一部不容于日寇侵略者和伪满洲国当局，且遭遇蒋介石政权封杀的抗日小说《生死场》，以及另一部如诗如画如歌，揭秘20世纪初挣扎在中国东北农村底层贫苦农民众生相的《呼兰河传》，奉献给她至死都深深眷恋着的祖国和黑土地的人民。毋庸置疑，在世界反法西斯战争文学和中国现代文学史上，萧红有着一席之地。

萧红的人生结局是悲惨的，但她又是幸运的。幸运的是直到进入21世纪后的今天，萧红的形象依然翩翩如女神；萧红的作品一如既往地魅力四射，依然是千千万万的中外读者共享的美文。诚如她在上海、武汉、重庆时期的闺中挚友梅志先生，在1984年11月10日写下的《"爱"的悲剧——忆萧红》的散文中分析的那样："……其实在旧社会，有谁能如她一样幸运？二十岁出头，挟着一本《生死场》原稿来到上海，就得到了鲁迅先生和许多朋友们的赞扬和爱护。在创作方面，在对她个人的接待方面，我想当时谁也没有给她白眼和冷遇，我似乎没有见到过一篇批评她的文章。"毋庸置疑，正是"得到了鲁迅先生和许多朋友们的赞扬和爱护"，奠定了萧红在20世纪中国文坛不可动摇的地位，迄今依然灿烂辉煌。

昔日遭受日寇铁蹄践踏和三座大山压迫的旧中国早已经成为历史。祖国强大了，人民富裕了，人们所追求的也更加自由、更加多元化了，但是，我们万万不可忘却成千上万的赵一曼为人民共和国的新生所做出的巨大牺牲，万万不可忘却萧红的《生死场》、萧军的《八月的乡村》等一大批具有伟大民族气节和鲜明时代特征的文艺作品，对推动四万万五千万中华儿女同仇敌忾全民抗御日寇侵略所做出的不可磨灭的贡献。